親子の整理収納

著
梶ヶ谷陽子
梶ヶ谷一花

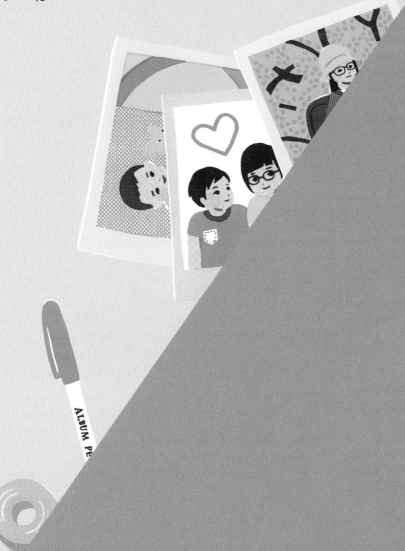

GB

はじめに

こうしてライフスタイル本を書かせていただくのは、
２０１７年以来です。
とても久しぶりのライフスタイル本を、
まさか娘と一緒に作り上げることに
なるなんて思ってもいませんでした。

娘がこうして、
本に登場することに対しては賛否両論
あるでしょう。
でも、娘や家族とたくさん話して、決断したことです。

娘が一緒に作り上げてくれたからこそ、
私が今まで皆さんに伝え切れなかったことを
紹介することができました。
読んでくださった皆さんに感じていただけること、
知っていただけることがたくさん詰まった本になったように思います。

整理収納は私にとって、子どもを知るための強い味方です。

今、何を大切にしているのか。
今、どんな空間が好きなのか。
今、何を考え、どんなことで悩んでいるのか。

娘が言いづらいことを、「物」がきっかけとなり
話し合ったこともありました。
私が気付くことのできなかった娘の「心の成長」を、
「物」が私に教えてくれたこともありました。

整理収納が私たち親子のコミュニケーションになっていること、
整理収納があったからこそお互い寄り添うことができたということ。
この本では、包み隠さずお話させていただいています。

私はふだん、娘に伝えていることを。そして娘はふだん、感じていることを。
この本を通して「整理収納が育んでくれる親子関係がある」
ということを知っていただけたらうれしいです。
そして、この本を読んでくださった皆さんが整理収納を通じて、
いつもと違ったお子さんの一面を発見するきっかけになれば幸いです。

梶ヶ谷陽子

CHAPTER 01

母&娘の整理収納 episode《エピソード》 10

整理収納のおかげで、お互いに歩み寄れたね。

CHAPTER 02

おうち時間と整理収納 Diary《ダイアリー》

家の中が心地いいと、辛い日々も乗り越えられる。

CHAPTER 03

娘の収納用品 Report《レポート》 10

娘ならではのポイント&使いこなしに、母は脱帽！

CHAPTER 04

わが家の部屋 Before & After《ビフォー＆アフター》

おうち時間で見直した、4つの部屋の間取り&収納。

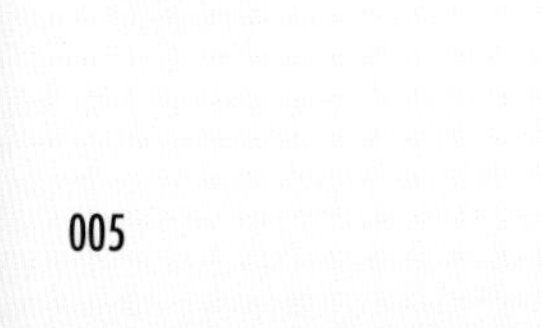

CHAPTER 05

お友だちの整理収納 Interview《インタビュー》 15

小学生から高校生まで、みんな違ってみんないい！

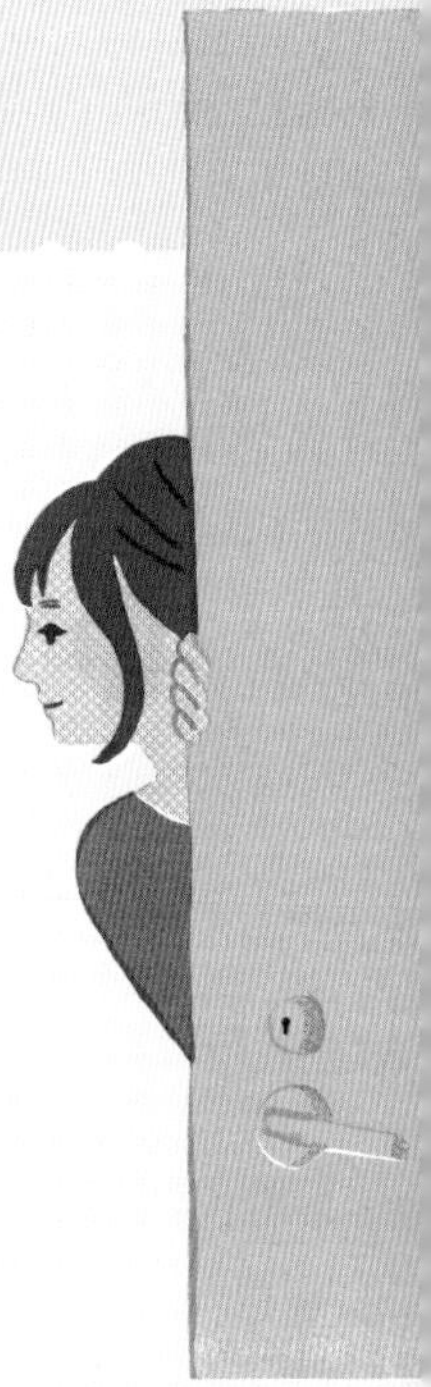

※本書で紹介している商品サイズの単位は㎝です。
※本書で紹介している情報は2021年2月時点のものです。

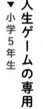

梶《かじ》ヶ《が》谷《や》陽《よう》子《こ》（母）

梶《かじ》ヶ《が》谷《や》一《いち》花《か》（娘）

No.

でも、小学校最後の1年なので、
やっぱり普通に学校へ行ってみんなと過ごしたいという気持ちもありました。

家にいる間、お母さんと一緒に整理収納もたくさんしました。
前よりも、「物」と向き合う時間が増えたように思います。

私は、片付けや整理収納を「楽しいな」って思っています。
どこに何を、どんなふうに入れるのかを考えたり、作ったりするのが好きです。
片付けるのが面倒だなと思う時もあるけれど、
整理収納ができていると、好きなことを好きな時にすぐ始められるし、
思い出の物や集めている物をたくさん飾れるからうれしいです。

だから、コロナが流行る前も今でも、私は自分の好きなことができて、
好きな物に囲まれた家が大好きです。

梶ヶ谷一花

整理収納アドバイザーの講座を受けているところ。整理収納の勉強はお母さんがふだんから言っている内容が多かったけれど、知らないこともありました。勉強したあとは、学んだことを取り入れて自分の部屋の収納を変えてみました。

No.

読者のみなさんへ

私の名前は梶ヶ谷《かじがや》一花《いちか》です。12歳の小学6年生です。

友だちからは「うるさい」とか「おもしろい」とよく言われます。
何かに夢中になると、他のことができないくらい没頭するタイプです。
よく絵を描いていて、寝るのが遅くなってお母さんに怒られます。

私の家族は、私を入れて4人です。
整理収納アドバイザーのお母さんはとても頑固な性格で、
ズボラだし面倒くさがりだしすぐ泣きます。

お父さんは色々なことを知っていて、料理も上手で、
クリスマスや誕生日には豪華な料理を作ってくれます。
弟は7歳で小学1年生です。
私よりも几帳面で、勝手に私の物を片付けられることがあるので困ります。

私は小学5年生の時に、整理収納アドバイザーの資格を取りました。
お母さんが整理収納アドバイザーの仕事をしているので、
興味があったからです。
勉強していれば、きっと将来、役に立つと思いました。

小学6年生の今、コロナが流行って家で過ごす時間が増えました。
学校に行けない間は絵を描いたり読書をしたりして、
いつでも好きなことができるから家での時間はつらく感じませんでした。

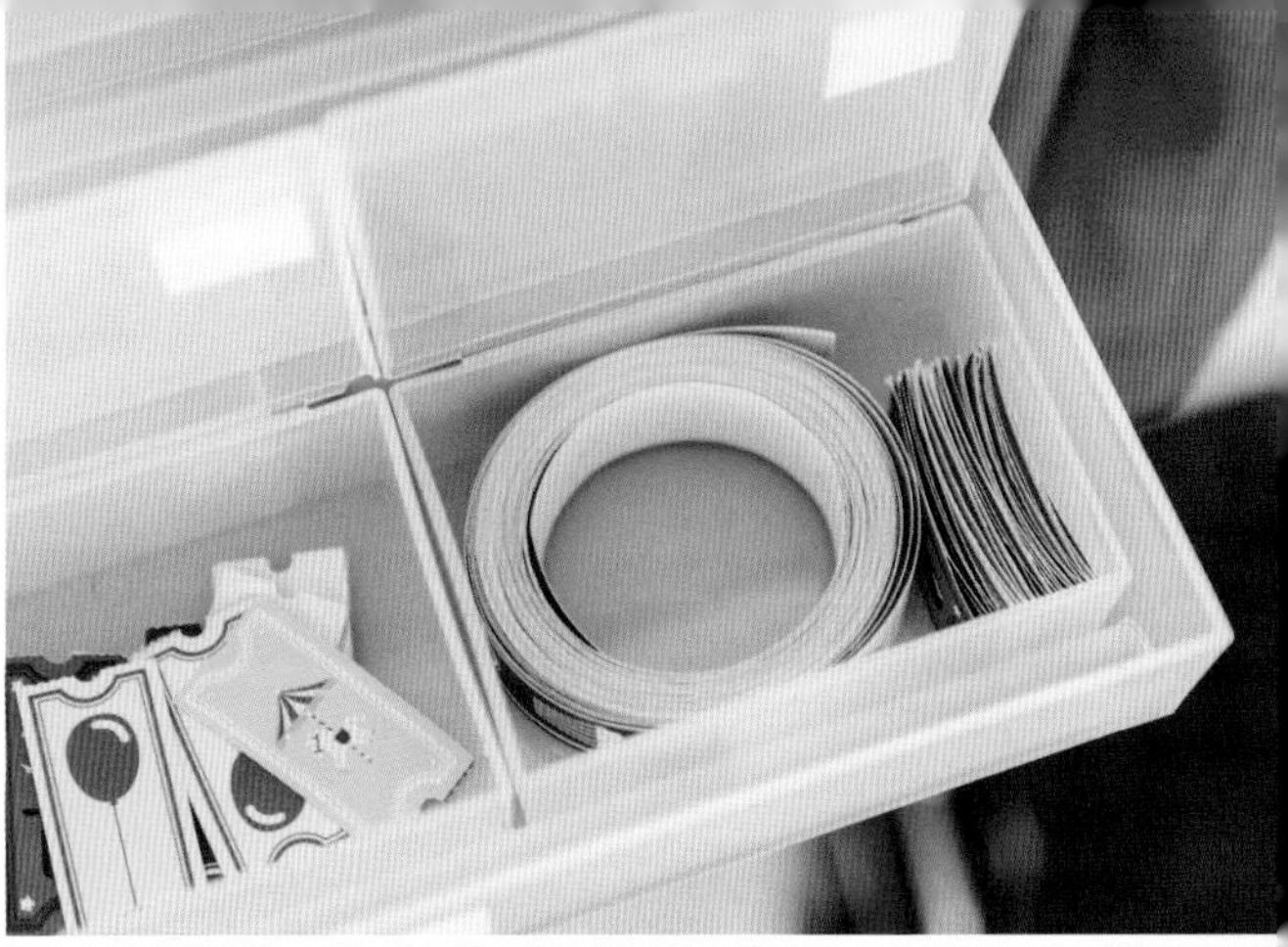

SCHEFFLERA
土の表面が乾いたらたっぷりと。
LIFE

12:11 AM

Sweet HOME
BIG
COFFEE BAR
MOCHACINO

CHAPTER 01

母&娘の整理収納

episode《エピソード》 10

整理収納のおかげで、お互いに歩み寄れたね。

学校の準備や宿題をめぐって言い争いになったり、
ちょっとしたことがきっかけで心の距離が遠くなってしまったり…。
そんな時、大切にしていた「思い出の物」や「愛用している物」が、
いつも親子の関係をつなぎ、コミュニケーションの助けになってくれました。
本章でご紹介しているのは、そんなわが家の10のエピソードです。

KEY WORD

思い出の物の価値

思い出の物の価値は持ち主にしかわかりません。
だからこそ「なぜ、大切に思うのか」を伝えて
家族が「不要な物」と間違って捨ててしまわないように。

娘の歴代メガネ

娘は2歳の頃からメガネを掛けています。
「メガネを掛けたほうがいいですね」と眼科の先生に言われた時、
「まだこんなに小さいのに、かわいそう…」と思いました。
メガネを買いに行って、初めて掛けた時
娘の姿を見て、なんとも言えない気持ちになりました。
正直、泣いてしまいそうでした。
メガネを掛けた娘を見て、知らない人から
「メガネなんて、かわいそうね」と言われた時は、
とても苦しい気持ちになりました。
ですが、そんな私の弱い気持ちを
支えてくれたのは、いつも娘だったのです。
自分で選んだメガネをうれしそうに掛けて鏡を見る娘。
ポーズをとって「写真撮って！」と笑う娘。
…そんな無邪気な様子に、私は何度、救われたことか。

お母さんへ

「メガネがイヤだ」って思ったのは、バスケットボールをした時くらいかなあ。ボールがメガネに当たって顔がすごく痛かった。でも「もう掛けたくない！」とは思わないよ。メガネがないと、友だちに「一花らしくない！」って言われるし。

お母さんはなんで「かわいそう」って思うの？

私はメガネしている子を見ても、そう思わないよ。

お母さんが私のメガネを残しているのは「なんでだろう？ 壊れてるし絶対いらないでしょ！」って思ってた。とっておいてくれてることはうれしいよ。

一花より

10年間、娘はずっとメガネを掛けていて、
どんな時もメガネと一緒でした。
レンズの度数が変わった時、
壊れてしまった時は新調してきましたが、
私は娘の歴代メガネをすべて残しています。
なかには真っ二つに折れてしまった物も…。
ですが、手放すことなんて絶対にできません。
私の大切な宝物として、
これからもずっと、残しておきたいと思います。

物の価値＆収納場所

一花の歴代メガネは合計6個。
メガネ専用の引き出しに保管しています。

なぜ、メガネを残しているのかは娘に伝えていたつもりでしたが、最近、初めて知ったようです。「お母さんにとって、とても大切な物。なぜなら（娘のことが）大好きだから」という愛情表現は、しつこいくらいがちょうどいいのかも。

こちらは私のメガネ。
寝室に収納しています（92ページ参照）。

娘と同じように、私もメガネをよく掛けるようになりました。おそろいにして「おしゃれだよね！」って、メガネに対して前向きなメッセージを伝えたかったからです。
私のメガネも娘の歴代メガネも、私の収納場所に保管。娘のメガネを手放すことができないのは、娘ではなくて母である私。だから子どものスペースではなく、母の収納場所に置いています。

一花へ

一花の目が悪いのは、お母さんのせいだと思っていたの。一花がお腹の中にいてくれた10か月の間に、なにかしてしまったのかなって。いろんな人からも「こんなに小さいうちから、かわいそう」って言われたから…。

でも、一花がうれしそうにメガネを掛けている姿を見て、お母さんがそんなふうに考えちゃダメだなと思った。一花のメガネはお母さんにとってすごく大切な物。「残してくれていてうれしい」と思ってくれたことがうれしいよ。

お母さんより

KEY WORD

物を買い換えるタイミング

子どもの持ち物は「体の成長」だけでなく「心の成長」も大きく関わってくるもの。

恥ずかしい水着バッグ

娘は自分が心から気に入って手に入れた物は、とても大切にして長く使います。

そんな娘に対し、「大事に使っていてえらいなぁ」と感心していました。


そして、娘が小学5年生になった年の夏。

プールの授業の準備をしていた娘が少し浮かない顔をしていたので「どうかした？」と聞いてみました。

すると、娘はとても言いづらそうにこう言ったのです。

「この水着バッグ、本当はもう換えたい。

柄とか恥ずかしいってずっと思ってて…」

私は娘に対して申しわけない気持ちになりました。

お気に入りの水着バッグを喜んで使っていると思い込んで、娘の「物を手放す基準」の変化にまったく気付いてあげられていなかったからです。

私は娘に「気付かなくてごめんね。お母さん、

お母さんへ

水着バッグは高学年になってからキラキラしてる部分がイヤだなとか、透明で中が見えるのがイヤだなって思うようになった。友だちも買い換えてたし…。「使わないことが一番もったいない」ってお母さんもよく言ってたから、使える物はまだ使わなきゃって思ってた。

一花より

一花がそんなふうな気持ちでいるなんて知らなかったよ。
もし持っているのが恥ずかしいとか、
使いづらくなったとかいうのがあれば、
正直に言ってね」と伝えました。

まだ使えるのになんでもかんでも買い換えるのは、
私は良いことだとは思っていません。
ですが、心と体の成長とともに様々な悩みを抱き、
言い出しづらいと感じる娘に対して
親が寄り添って解決することが必要だと感じました。

子どもの物を買い換える基準

昔、使っていた水着バッグ。夏しか使わないのでクローゼット奥のデッドスペースに収納。

1. 身体的な要因で合わない物

サイズが合わずに着られなくなった・履けなくなったなど

2. 精神的な要因で合わない物

恥ずかしかったり、持つことでモチベーションが下がったりするなどして使うことを避けるようになった物

3. 子どもの行動に影響する物

使うことで効率が悪くなったり、手間になったり、危険になったりする物

子どもの物を買い換える基準は、上記の3点。水着バッグは2です。どれも同じくらい大事ですが、やはり意識してアンテナを張らないといけないのは2の精神的な要因ですね。3は放ったらかしの物があれば、「使いづらいんだな」って気が付けるのですが…。

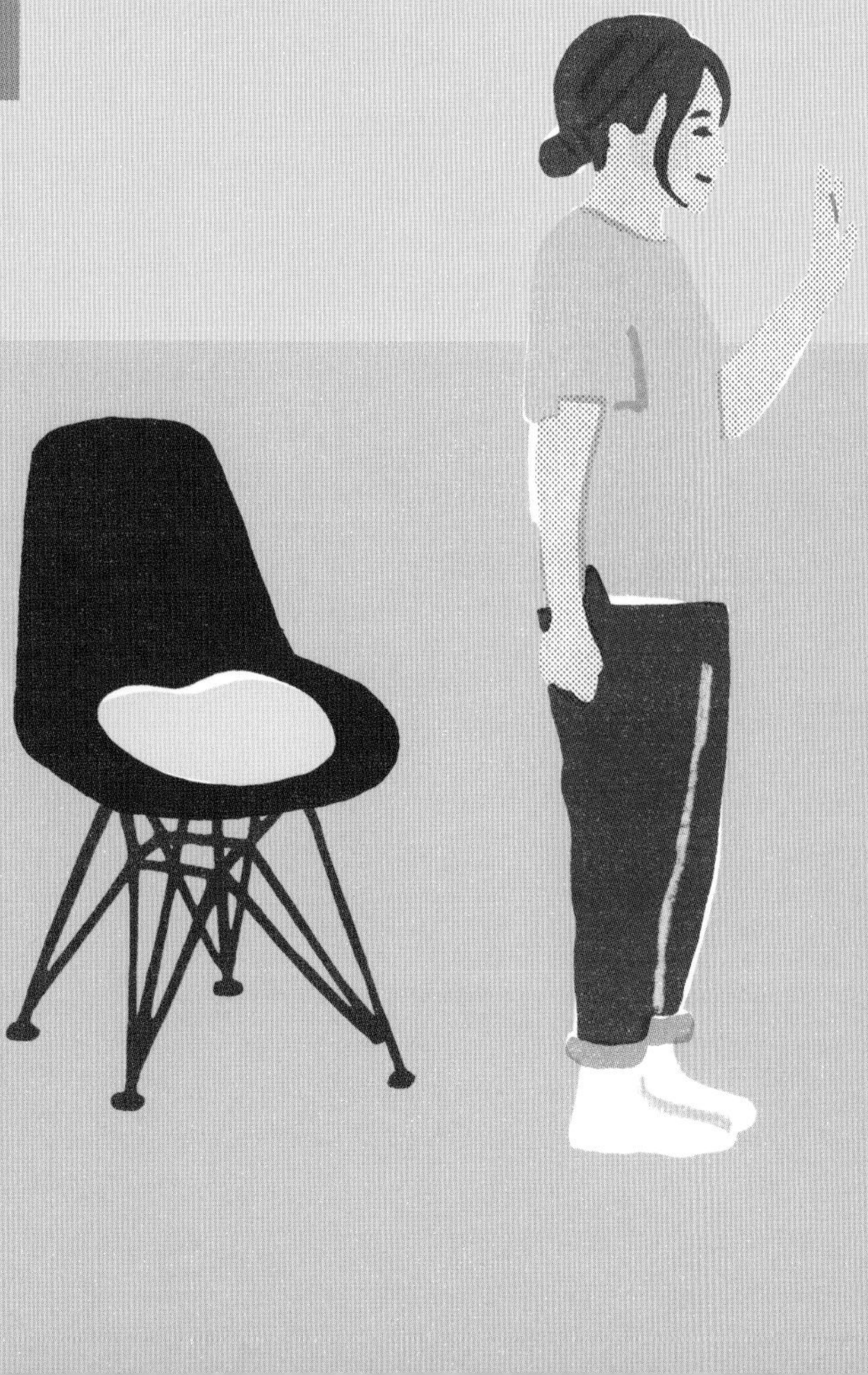

一花へ

一花がすごく気に入って、ずっと使っていると思い込んでいたよ。「物は使わないことが一番もったいない」っていうのは、けして「無理して使い続けること」を言っているんじゃないよ。大切に思っていた物でも、自分の成長や考え方の変化によって「もう手放そうかな」って思うことってあるよね。そういう時は、正直に言ってね。

お母さんより

KEY WORD

子どもの片付けスイッチ

宿題や片付け、早くやってほしい。
でも、それは子どものためでしょうか？

終わらない宿題

「何度言っても、片付けない」
そういうことが、わが家でもよくあります。

小学生になると、宿題や翌日の準備、習い事などもあって
効率良く進めないと、ベッドに入るのが遅い時間になってしまいます。
それがわかっている私は、どうしても時間が気になってしまい
「そろそろ片付ければ？」「宿題しなくていいの？」などと
娘に対して口うるさく言った時期もあります。
ですが、娘は決まって「もう少し」「テレビが終わったら」と生返事。

ある時、もう言うのがイヤになって、放っておいたことがありました。
すると娘はいつの間にか、宿題や翌日の準備をササッとこなしたのです。
それを知った時、「親が子どもにやってほしいタイミングと、
子どもがやりたいタイミングは違うんだな」と思うと同時に、
「私は、自分が効率良く家事をこなすために注意していたのかも…」

お母さんへ

「これが読み終わったら」とか、タイミングがあるのをわかってほしい。お母さんが「片付けて」って言うのは食事の前と出掛ける前くらいで、家族全員がそろう時に言っているのはわかるんだけど。

あと、お母さんは出掛ける前に片付けるけど、「散らかったまま行ったっていいじゃん!!」って思う。でも、帰ってきた時にきれいなのは気持ちいい!

一花より

一花へ

帰ってきた時に散らかっているとみんなが疲れた気持ちになるし、帰ってからゆっくりできたほうがいいなと思って出掛ける前に片付けてるんだよ。あとね、出しっぱなしにして出掛けている間に大きな地震が起きたらどうなると思う? 床に物が散らばって危ないよね。

食事の前に「あと〇分で食事だよ!」ってしつこく言うのは、みんなで一緒に「いただきます」をするためだよ。

お母さんより

と、ふと思ったのです。

娘はいつも、ダイニングテーブルで宿題をします。

だから早く宿題を終わらせてもらい、食事の準備をしたいという気持ちが少なからずあったのではないかと…。


また以前、娘に「宿題まだやらないの？」と何度も聞いた時、「やるよ！　信じてないの？」と言われたこともあります。

何度も聞くことは、「親に信用されていない」と思わせてしまうこともあるんだなと感じました。

効果的な声掛け

家族が使う場所や危険な場所でなければ、散らかったままでもOK。

かつて、私は自分（親）のストレスを軽減するために、子どもに「片付けなさい！」と強く言ってしまっていた気がします。「片付けて」と言うのは自分のためなのか？　今一度、向き合うことが必要です。「片付けて」と言うのが子どものため・家族のためであるならば、子どもに「片付けたらいいことがある！」とわかってもらわないといけません。

- すぐに好きなことが始められる！
- いつでもお友だちが呼べる！
- 探し物をしなくて済む！
- 地震が起きた時、身を守ることにつながる！

など、たくさんの「片付けるといいこと」を伝えてあげます。わが家の場合、一番効果的なのが「ここを片付けたら一緒に〇〇しよう！」という声掛け。娘にとっては「早くして！」と言われるのがイヤだそうです。

KEY WORD

子どもの物選び

まずは子どもの意思を確認してからアドバイス、最終ジャッジは子ども自身に託すという流れです。

お気に入りのランドセル

娘が小学生になる前の年、ランドセルを一緒に買いに行った時のこと。私も夫も、「自分が心からほしいと思うランドセルを選べばいいよ！」と娘に伝えました。

そして、様々な種類や色の中から娘が選んだのは、キラキラの装飾品が付いた、明るい色のランドセル。それはそれで、とてもかわいいけれど「これ、絶対に高学年になったら『洋服に合わない』とか『キラキラがイヤだ』って言うよね…」と、思いました。こだわりが強い娘の性格をわかっていたからこそです。

そこで、私と夫は娘に将来、起こり得ることと「それでも一花が『これがいい』と思うなら、6年間、このランドセルを大切に使おうね」と伝えました。

一花へ

一花は昔から大人っぽいところがあって、キャラクター物を卒業するのも早い子だったの。あと、お父さんに似て洋服のコーディネートにすごくこだわる子だから、ピンクやむらさきだと「洋服に合わない!!」って絶対に言うと思ったんだよね。決して、「ピンクやむらさきがダメ」ってわけじゃないよ。

しゅうちゃん（息子）のランドセルを買いに行った時、一花が先輩としてアドバイスしてくれたよね。ありがとう！ きっとしゅうちゃんも6年間、黒いランドセルを大切に使うと思うよ。

お母さんより

すると、娘は「やっぱりどんな服にも合わせやすい色にする！」と言って、茶色のランドセルを選んだのです。
6年生になった今も、
娘はこのランドセルを大事に使っています。

子どもの物選びは「子どもの気持ち」を優先することが大切です。
でも「長く使うことを考えた時にどういうリスクがあるか」を親が教えてあげることも必要。
選択肢が多い現代だからこそ、そう感じます。

意思確認＆アドバイスの仕方

ランドセルの収納場所も「どこに置きたい？」と娘に聞いて、ダイニングのシェルフに決定。

まずは「どうしたい？」と本人に聞くようにしています。娘が自分で決めるなかで、私は持っている経験や知識をアドバイス。「こういう考え方もあるし、こういう考え方もあるよね」と言って、ちょっと背中を押す感じです。最終ジャッジは子ども自身。

自分で物を選ぶ練習

娘が自分で選んだ通学グッズ用のバッグ。6年間、大切に使い続けています。

物があふれる現代、子どもたちは何においても選択肢が多いですよね。だからこそ、整理収納を通じて「自分で選び取る練習」をたくさんしてもらえるといいなと思います。人間関係を含め、大人になった時に必ず役に立つはず。

お母さんへ

ランドセルを選ぶ時、私がピンクやむらさきのランドセルを選ぼうとしたこと、今でも覚えてるよ。でもお父さんとお母さんが「6年間使う物だし、どんな洋服にも合う色だとコーディネートしやすいね」って言ったよね。

その時、「そっか。小学校では毎日違う洋服を着るから、どんな色にも合うものがいいな」って思って、茶色にしたんだよね。1年生の時、ピンクやむらさきのランドセルを持っている子を見て「かわいいな」って思ったけど、今は茶色にして良かったって思うよ！

一花より

KEY WORD

収納する物の優先順位

「よく使う物を取りやすい場所に」は基本。
でも、使用頻度より大事なこともあります。

手放せないぬいぐるみ

娘は幼い頃からぬいぐるみが大好きでした。
そして、いつしか収納ボックスいっぱいの数に…。
するとある時、娘が悲しそうな顔をしてこう言ったのです。
「このぬいぐるみ、もう大切にできていないから
リサイクルショップに出す。
大切にできなくなると、かわいそうだから
次、ぬいぐるみを買う時はよく考える」
それから娘は、ぬいぐるみをほしがることが減りました。

とは言っても、すでにたくさんのぬいぐるみが…。
いよいよ収納ボックスに入り切らず、
床に直接、ずらりと並べて置いていたので、
私は見かねて「ぬいぐるみ、多過ぎるんじゃない？
ホコリかぶってるし、かわいそうだよ」と言いました。
でも、娘は手放そうとしませんでした。

お母さんへ

お母さんが「バッグの収納に使っているスペースを、ぬいぐるみの置き場所にすればいいんじゃない？」って言って、私の部屋にあるシェルフの収納スペースを空けてくれた時はすごくうれしかった！
バッグの収納にスペースを使うより、大好きなぬいぐるみがいつも見られるようになるほうがうれしいし、この場所ならホコリかぶりも防げるから。

一花より

一花へ

お母さん、今まで収納を作り上げる時、使用頻度が高い物を優先的に考えていたんだけど、それだけじゃないんだなって知ったよ。一花みたいに、大好きな物や毎日、見たい物を優先して収納したい場合もあるよね。
大事なのは使い勝手だけじゃないし、たとえ使い勝手が良くなくても自分が納得していればいいよね。そこに気付かせてくれてありがとう！

お母さんより

「困ったものだな…」と思っていたある寒い冬の夜、娘が遅い時間にお風呂に入ったことがありました。不思議に思い、娘の部屋をのぞくと床に置かれたぬいぐるみすべてにタオルが掛けられていたり、洋服が着せられたりしていたのです。
娘は「ぬいぐるみが寒そうだから」と暖かくしてあげていて、お風呂の時間が遅くなったんですね。
その様子を見た時、私は娘にぬいぐるみを手放させようとしたことをとても後悔しました。

配置の決め方

もともとバッグを収納していた下段のコーナーをぬいぐるみ置き場に変更。

例えば地震が起きた時、離さず持って逃げたい物は何でしょうか？ 大切な人との思い出が詰まった物、自分のお金で買って溜めたコレクション…そういった物は今、使わないけれど、すぐ手に取れる場所に置きたいですよね。何を優先して収納するかは人それぞれです。

KEY WORD

変わる性格と収納

「この子はこういう性格だから」という
思い込みは片付かない原因になるかも？

片付けなくなった髪飾り

私は子どもたちの性格を考えて、
子どもの物や家族共有の物の収納を作り上げてきました。
ですが、今までことごとく娘にダメ出しをされ、
見直した収納がたくさんあります。

例えば、娘の髪を結わくためのゴムや髪飾り。
以前まで、中身がわかるフタ付きのケースに
「小さいヘアゴム」「ヘアピン」「シュシュ」などとわかりやすく分類し、
さらにラベリングして収納していました。
ですが、ある時から娘は髪飾りをケースに戻さなくなったのです。
今まで娘は「物をきれいにしまう収納」や、
「すっきりした空間」が好きだったので
「なんで片付けなくなったんだろう？　こんなにわかりやすいのに…」と
不思議に思いつつ、収納を見直して
出し入れのアクション数が少ないプッシュ式のケースに変更しました。

一花へ

一花があからさまにゴムを戻さなくなって、「これは面倒くさいんだな」って気付いたよ。でも、そう思ったなら言ってくれればよかったのに！「せっかく作ってくれたし」って思ってくれたのはうれしいけれど、何も言わずにポイポイされるのはちょっとイヤだったよ。

一花が使う物の収納はラクに続けられるようにしたいから、何か気付いたことがあればどんどん言ってね。

お母さんより

すると、娘はまた髪飾りをケースに戻すようになったのです。
娘は成長とともに性格も変わり、
ちょっと面倒くさがり屋になったんですね。
いちいちケースを手に取って、フタを開けるのがイヤだったのです。

子どもの性格は、どんどん変わるもの。
「この子はこういう性格だから、この収納が合う」などと
決めつけないようにしようと思いました。
そして「整理収納は、子どもの『今の性格』を知ることができる
強い味方なんだ」ということを知るきっかけにもなりました。

わかりやすい収納

以前の髪飾り収納。ケースに細かく分類し、ラベリングしておけば娘が一目でわかるし、ケースも窓付きを選んでいるのでわかりやすいよね！　と思って作ったものでした。

娘が一人で出し入れできるよう、わかりやすさを重視。

アクション数が少ない収納

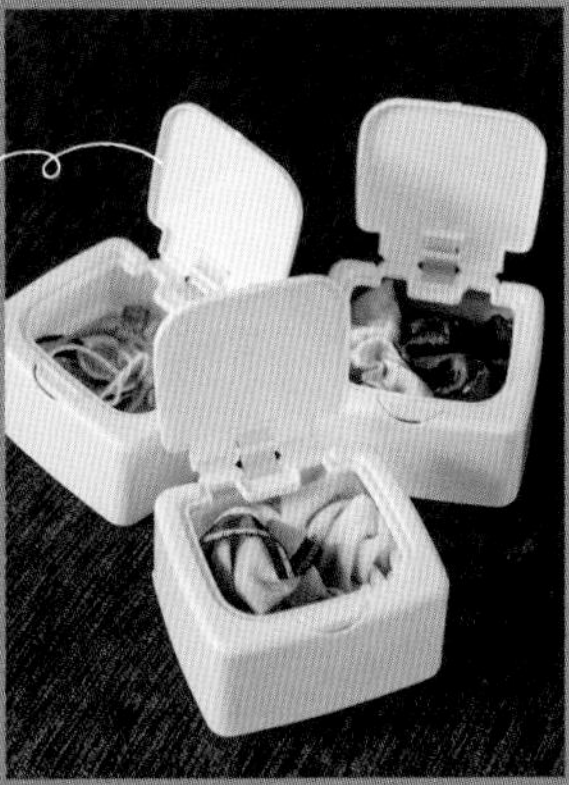

アクション数を減らすと出し入れがラクになるだけではなくて、子どもが自主的にやったり、忘れ防止につながったりするものだなと感じます。

プッシュ式の収納で自主的に片付けてくれるように。

お母さんへ

　お母さんは前まで、面倒くさい収納を作ることが多かった！　ちゃんと「これは面倒くさくないかな、使いやすいかな」って考えてから収納を作ってほしいな。
「せっかく作ってくれた収納だしなあ」って思って、「この収納めんどくさい！」って言わなかった私も悪いけど。お母さんが気付いてくれて、押したら開くケースに換えてくれてからはすごくラクになったよ。

一花より

KEY WORD
子どもの自立を促す収納

収納について言い合いになったら、
自立を促すチャンスかもしれません。

忘れてしまった給食セット

以前、娘が学校に持っていく
「給食セット」は前日に私が準備して
ランドセルのフックに引っ掛けていました。
ですがある日、私はうっかりその準備を
忘れてしまったのです。
娘はものすごく不機嫌な顔で帰宅しました。
「どうしたの？」と聞くと、
「お母さんのせいで楽しみにしていた
デザートがおかわりできなかった！」と。
娘のクラスでは、
「給食セットを忘れた人はおかわりできない」
というルールがあったようです。
私は謝りつつも、こう言いました。
「お母さんが忘れたのは悪いけど、
そもそも自分で確認しなかったのも悪くない？」

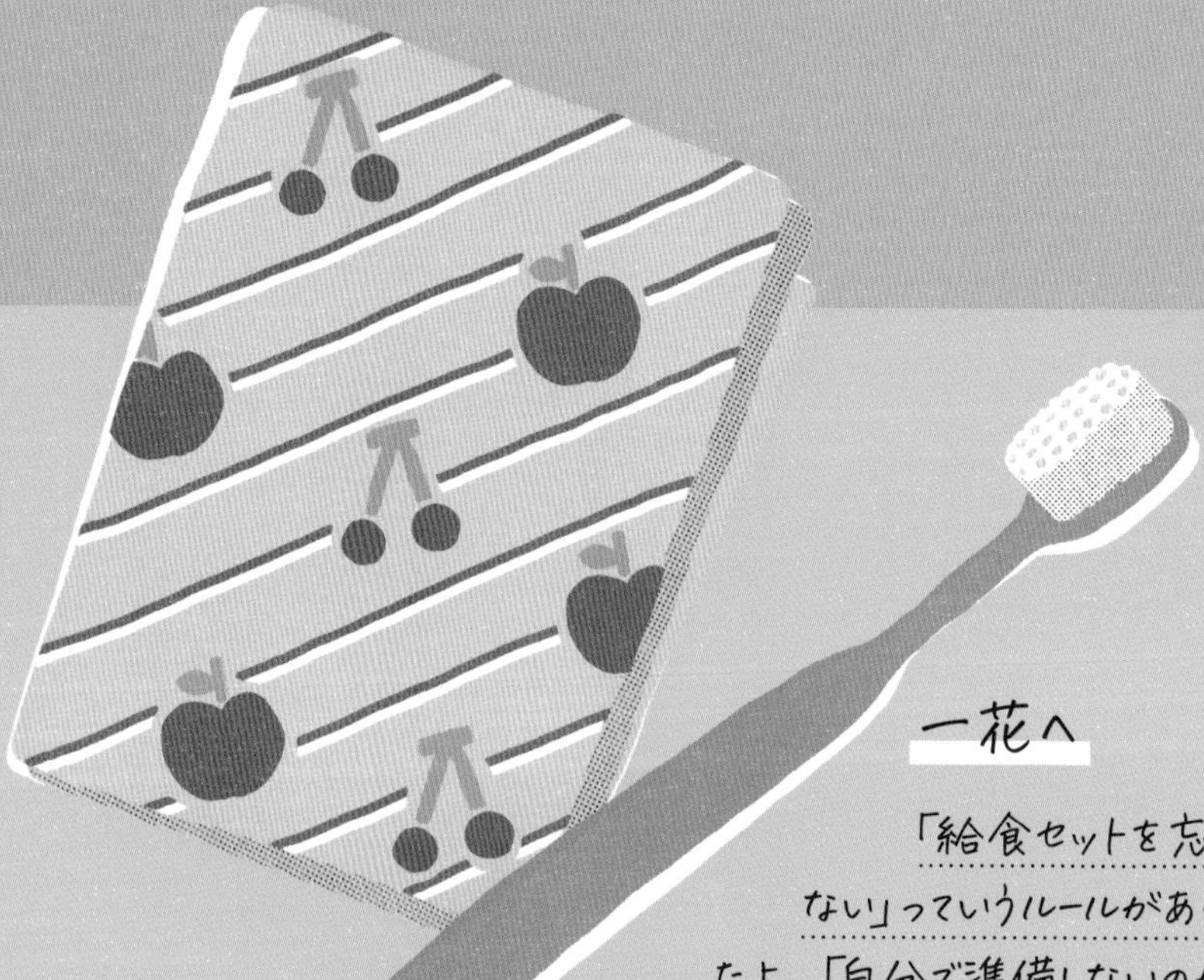

一花へ

「給食セットを忘れたらおかわりできない」っていうルールがあるなんて、初めて知ったよ。「自分で準備しないのが悪い！」なんて言ってごめんね。

お母さんも忙しいと忘れてしまうことがあるから、これからは気付いたほうがやるようにしたいね。

でも、一花に言われて「なんで、わざわざ2階に収納していたんだろう？」って思ったよ。これからは1階のランドセルの近くに収納場所を作って、すぐ準備できるようにするからね。

お母さんより

自分で準備するようにすればいいんじゃないの？」
今思うと、なんて自分勝手なことを
言ってしまったんだろう…と思います。
「給食セットの準備は私の役目」と割り切っていたのに、
娘に「お母さんのせいで！」と言われたとたん、
「自分でやらないからでしょ！」なんて…。
ですが、この件をきっかけにお互いが納得する収納場所と、
「気付いたほうがやる」というルールができました。

親子のルールを決める

ナプキン＆巾着袋はダイニングのシェルフに収納。
キッチンからすぐ近くの場所です。

歯ブラシとコップは帰宅したらすぐ出してもらい、洗ってキッチンの上に置いていました。ナプキンと巾着袋は、もともと2階の子ども部屋にありましたが、1階のダイニングに移動。

何か問題が起きたら、その時に話し合います。「どうしたいか」と「なぜ、そう思うのか」、子どもの意見と理由を聞いて基本は合わせます。結果、自分の考えたことがうまくいかなかったら子ども自身も納得しますし、失敗もいい経験になります。

お母さんへ

この日のデザートは私がとても好きなものだったのに、おかわりできなかった。お母さんが給食セットを忘れたからだよ。それを言ったらお母さんは「自分で準備しないのが悪い！」って怒ったけど、今まで「自分で準備して」って言われたことがないのに、こういう時だけ自分が悪いみたいな言い方されたから「なんでだろう」と思ったし、イヤな気持ちになった。
自分でやるのはいいけど、2階に給食セットの収納があるのは面倒くさいから変えてほしいな。

一花より

KEY WORD

新しい物の取り入れ方

お金の使い道を考えることは物と向き合う良い機会になります。

おこづかい代わりのチケット

ある日、娘が「Aちゃん（友だち）はいいな〜おこづかい制で、月に○×円もらってるんだよ！」なんてことを言ってきたことがありました。

その時、私は「うちはおこづかいをあげてないけど一花が必要という物はいつも買ってるでしょ？おこづかい制にしたら、そのお金でやりくりしなきゃいけないからタイヘンだと思うけどね〜！」なんて返事しました。

ですがその後、改めて夫と話し合うことに。

そして、おこづかい制にはしないけれど、何か成し遂げた時・がんばった時・手伝ってくれた時は「ありがとう」「がんばったね！」と言ってチケットを1枚、渡すことにしようと決めたのです。

そのチケットは以前、わが家で娘がお友だちとクリスマス会をした時、私が入場券として用意し

お母さんへ

　お母さんたちががんばったのを見ていてくれて、がんばったぶんだけ自分に返ってきて、ほしい物が買えるのはとてもうれしい！でも、チケットで貯めたお金には限りがあるから、「本当にほしい物なのかな」って前よりもっと考えるようになった。

　チケットはずっと貯め続けようとは思わないけど、なにかほしい物が見つかった時は、それが買えるまでがんばって貯めようという気持ちになるよ。

一花より

渡してあげたものでした。とてもかわいくて、「他に何か使い道はないかな～」と考えていた物だったので、ちょうど良かったのです。

子どもたちに渡したチケットは、好きな時に1枚100円に換えられるようにしています。子どもたちはチケット制を通じて、「貯めて何かを買う」という経験を積み、「働いたぶんお金がもらえる」という社会のしくみを少しずつ理解しているように感じます。

チケット制の導入

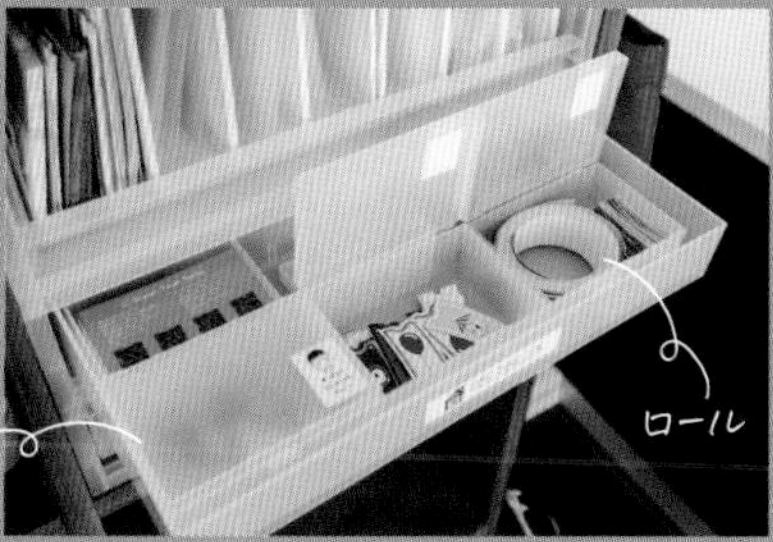

ロールから切り取って渡します。娘と息子のチケットは、それぞれケースに分類。

賛 否両論あると思いますが、わが家ではチケット制にして良かったなと感じています。子どもたちはより慎重にお金の使い道を考えるようになり、私もチケット制にすることで頻繁に現金のやりとりをする必要がなく、気持ち的にラクです。

「ありがとう・がんばったねチケット」と名付けて、ラベリング。

学 校や習い事で必要な物は親が購入しますが、子どもたちが自分の好きな物を買う時はチケットで。お友だちが持っている本やアニメグッズがうらやましくなって「ほしいな」と言われたら、「じゃあ買えるまでチケットがんばって貯めようか！」と返事します。

一花へ

チケット制を始めた時、「チケットくれるならがんばる!」という考え方にならないかなって、とても心配だった。でもチケット制を始める前も始めたあとも、一花のがんばりは変わらなくて安心したよ。

チケットの使い道をじっくり考えて使う一花は、以前よりもさらに「自分にとって大好きな物・本当に必要な物を取り入れよう」という意識が強くなっているように見えるよ。

お母さんより

KEY WORD

持ち方に合わせた収納

同じ物であっても、それを「どう使うか」は持ち主によって当然、変わります。

飾りたいアニメグッズ

私は大好きな腕時計を「飾る収納」にして、パソコンルームの壁掛けボードに並べています。ちょっと前までは、「こんなにたくさん持ってるなんて整理収納アドバイザー失格だね！」なんて娘に笑われていましたが、そんな娘も最近ではアニメにはまり、自分の部屋にアニメグッズをたくさん並べて飾っています。「今ならお母さんの気持ちがよくわかる！」と言って、コレクションを楽しんでいる様子。

正直なところ、娘がこれほど「飾る収納」にするとは思っていませんでした。今までは、どちらかというと「しまう収納」が多く、小学1年生になって娘の部屋を衣替えした時も「シンプルでオシャレなカフェ風にしたい！」という娘の希望で、すっきりとした空間にしました。

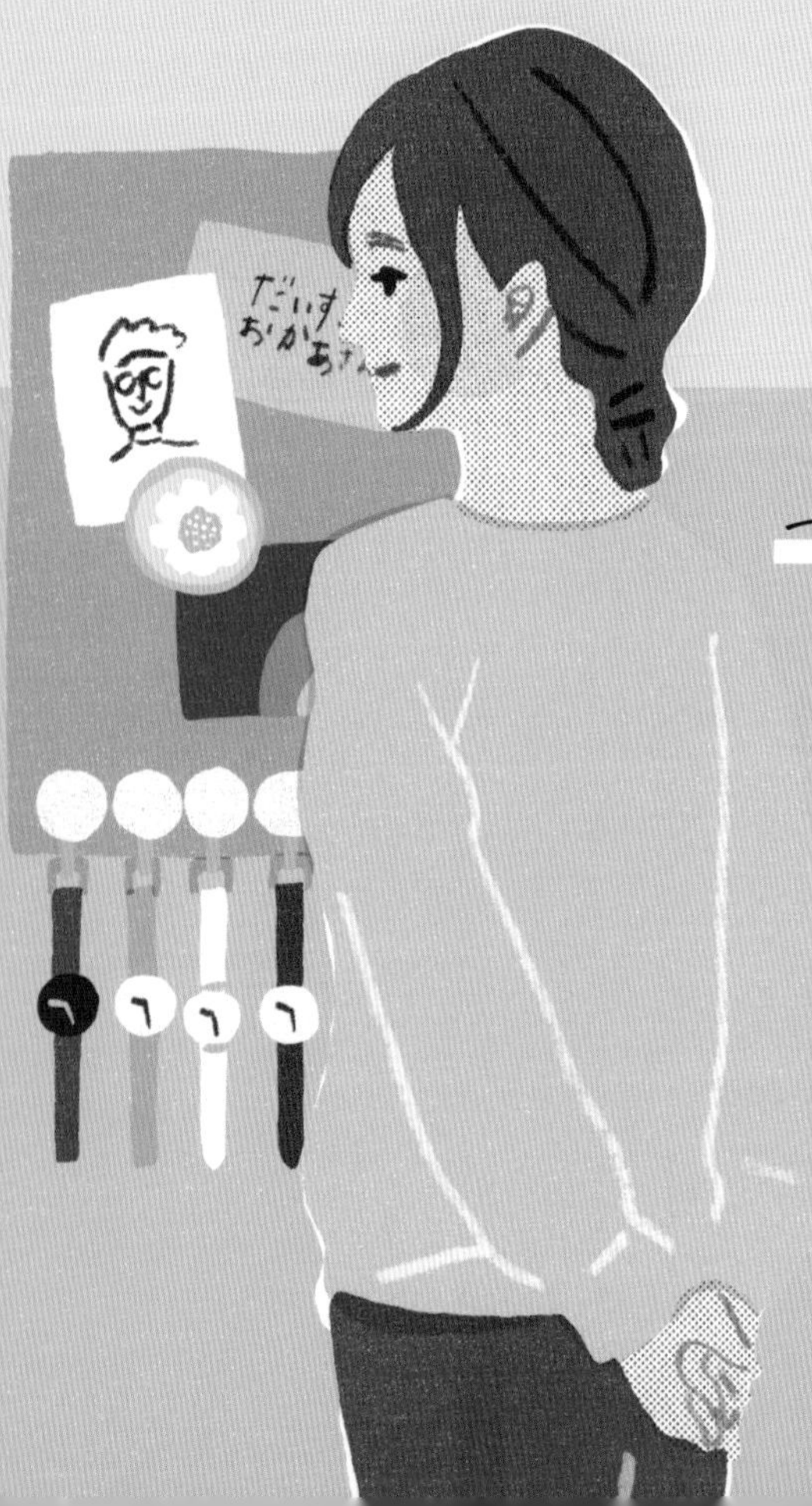

一花へ

同じ物でも持ち主によって役割は違うし、「楽しむ」とか「癒やされる」ということもあるよね。特に、思い出の物や大好きな物は、見て楽しんだり、そばに置いて癒やされたりすることが多いかもしれない。その物の役割を果たすための持ち方を、一花が「使う」と表現していることに驚いた！

そういう物は埋もれないように、ちゃんと使えるような収納を考えたいね。

お母さんより

ですが、それも今となっては懐かしい思い出。
「すっかりアニメカフェ風だね！」と言って、笑っています。

当初、娘は私に「アニメグッズを飾りたい」とは、言いづらそうな雰囲気でした。
それを感じた私は「ねえ、大好きな物を飾れるようにする？」と声を掛けると、娘は「そうしたい！」と大喜び。
その際に、「自分の部屋なんだから好きにしていいんだよ。でも、落ちたりぶつかったりする収納にはならないようにしようね」ということも伝え、今でもしっかりそれを守ってくれています。

持ち主によって変わる使い方

地震が起きた時のことを考えて、ベッドから離れた場所に配置。

缶バッジやキーホルダーなどのアニメグッズは、パンチングボード（48ページ参照）やディスプレイケース（56ページ参照）を使って、娘の部屋の棚や壁に飾っています。パンチングボードもディスプレイケースも、プラスチック製なので安全。子どもでもラクに設置や取り外しができます。

お母さんへ

私にとって、缶バッジやキーホルダーは「何かに付ける物」というより「見て楽しむ物」！
お母さん、いつも言ってるよね。「捨てるのがもったいないからと言って、使わないのに物を溜め込むと、本当に必要な物の収納場所がなくなってしまう。物は使わないことが一番もったいない」って。だから「見て楽しむ物」は飾らないと、きっと使ってないことと同じだよね。

一花より

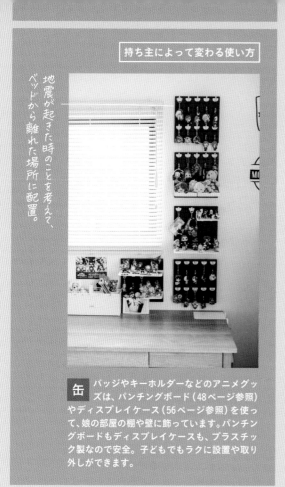

KEY WORD

やる気を上げる声掛け

「向き合ってくれてありがとう」「もとの場所に戻してくれてありがとう」物の気持ちを代弁するイメージで声掛けを。

整理収納あいうえお

私が整理収納アドバイザーの資格を取得したのは、
娘が3歳の頃でした。
資格を取得してからは、娘にも年齢に応じて
「家の中が片付いていないのは、自分にとって
不要な物を取り除いていないからなんだよ」と
伝えながら物と向き合うサポートをしてきました。

娘が小学生になる前から伝えていたのは、
「捨てることが整理収納ではない」ということ。
もし、使っていない物があれば
「使わないことが一番もったいないから、
使う人のところへ行かせてあげようか」と言って
チャリティーやリサイクルショップに出し、

一花へ

物と向き合うっていうことは、「自分自身と向き合う」ことにつながるんだよ。

自分にとって本当に必要な物なのか、持っていることでストレスになっていないか。そうやって整理収納を通じて自分の気持ちと向き合う練習をすれば、いつか役立つ時が来るはず。お母さんも人間関係に悩んだ時、とても助かった。一花ももう少し大人になったら実感するかもしれないね。

お母さんより

「大事にしていた物を使ってくれる人がいるのはうれしいよね。物も喜んでいるよ!」と声掛け。すると娘も毎回、喜んでいたことを覚えています。小学6年生になった今、娘は整理収納に対して前向きに取り組んでくれているようです。

整理収納あいうえお

大人も子どもも、整理収納する時に気を付けたい5つのポイントです。

- あ… 焦らない
- い… 急がない
- う… (自分の気持ちに)ウソをつかない
- え… (自分にとって必要な物を)選び取る
- お… おもいっきり楽しむ

「整理収納あいうえお」を阻止する声掛け

●早くして　●時間かけ過ぎじゃない?　●もういらないでしょ　●まだ使えるよ
●せっかく買ってあげたのに　●こっちにすれば?　●これは高かったから…

お母さんへ

お母さんが色々、声を掛けてくれたことは覚えてる。おもちゃを整理していた時、「整理は物を捨てるためにするんじゃないから、ムリに減らさなくていいんだよ。全部の物と一つひとつ向き合ってくれて、ありがとうね!」と言ってくれた時はうれしかった。あと、手放そうかどうか迷っている時に「悩んでいるなら手放さなくていいんじゃない?」と言ってくれるのは、すごく安心する。

一花より

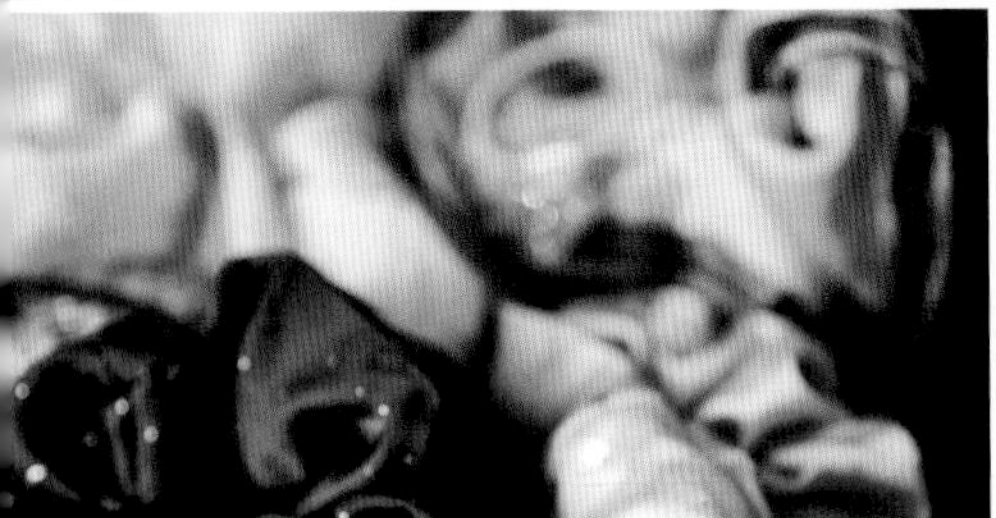

Campus

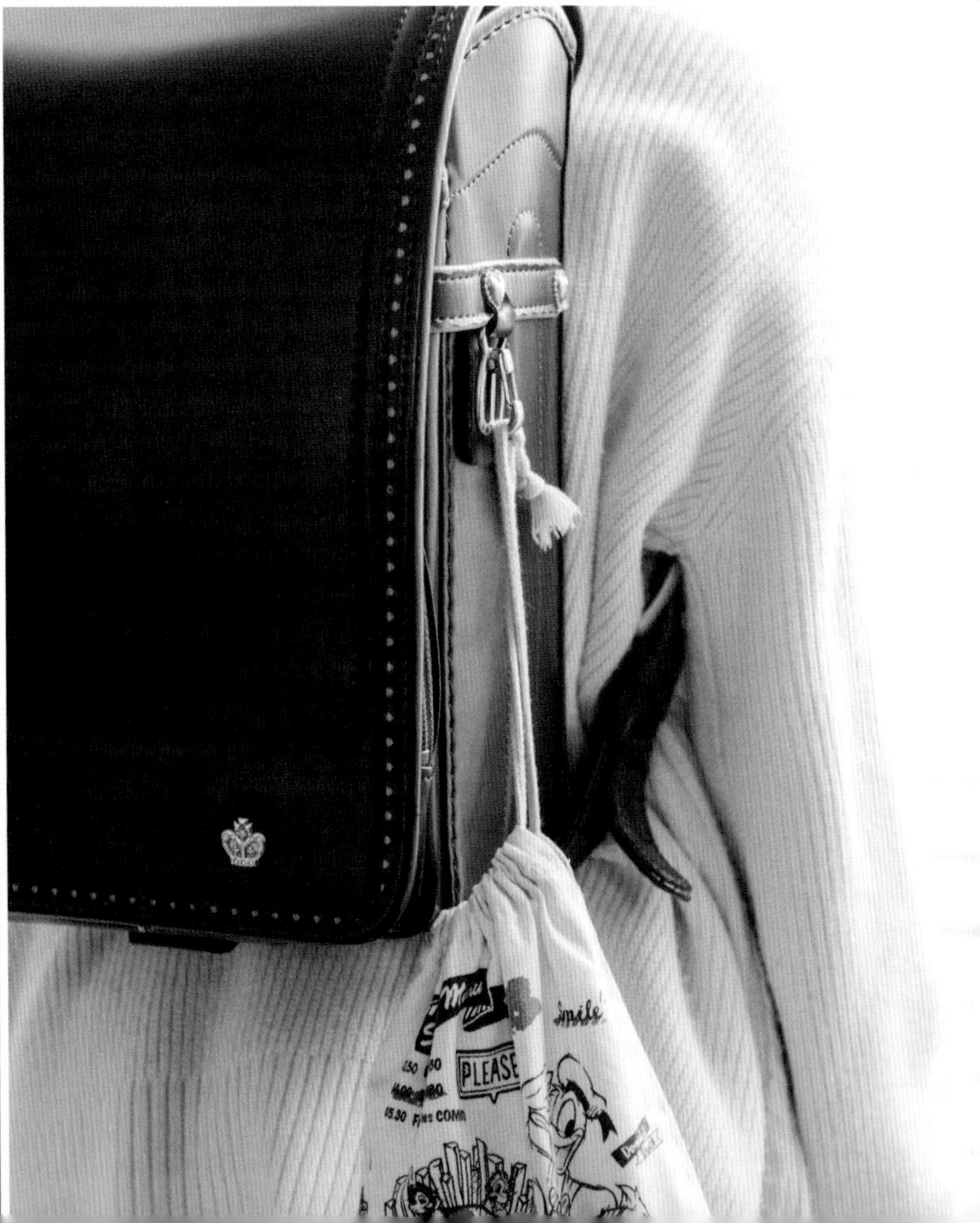
PLEASE

CHAPTER 02

おうち時間と整理収納Diary《ダイアリー》 2020

家の中が心地いいと、辛い日々も乗り越えられる。

コロナウイルス感染症の流行によって、
私たち家族の暮らしや働き方が大きく変わった2020年。
新たな生活に慣れないといけないと頭ではわかっているけれど、
ふとした時に不安になったりイライラしたり…。
でも、心を落ち着かせ、前向きになれるきっかけを作ってくれるのは、
やっぱり整理収納だったんです。

February 10

心の天気▼くもり

日常が変わっていく…

1月、「日本人の感染が確認された」とニュースで報じられる。

2月、国内初の死者が確認される。どこか遠い場所の話だと思っていたコロナウイルスが、身近にある危険なものだと感じた瞬間。すでに決まっていたトークショーや講座は相次いで中止に…。今後、働き方や私たち家族の暮らしが少しずつ、でも確実に変わっていく気がした。

皆さまのお顔を直接拝見できる機会だったトークショー。

March 2

心の天気▼くもりのち雨

小学校が休校になる

コロナウイルスの影響で、子どもたちの日常に大きな変化が…。今日、小学校の休校が決まった。「今のクラス、すごく楽しい」と言っていた娘。そんななか、突然、みんなと過ごす学校生活が途絶えることに…。

次に学校に行けるのは、終業式の日。娘と同じように、来年の3月に卒業予定の子どもたちや親御さんは、今どんな思いだろうか…。胸が痛い。

5年生最後の日、玄関のドアを開ける娘。

マスクの収納

使い捨てマスクはダイソーの「マスクケース」に入れて、玄関の棚に収納。出掛ける時、靴を履くついでにマスクを装着できます。コの字ラックの下にマスクケースを置き、奥にストック、横にハンドジェルを配置。コの字ラックの上は、日焼け止めや虫よけスプレーなどケア用品を置いています。

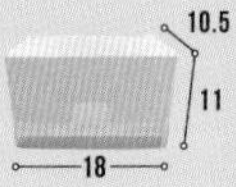

マスクケース
（ダイソー）

下の穴からつまんで取り出せるケース。縦9cm×横17.5cmのマスクが約60枚入ります。

心の天気▼大雨

息子の卒園式が延期に

息子の卒園式の日が急遽、変更に。夫と一緒に出席できると思っていたからショックが大きい。

なにより悲しいのは、息子に夫が来ている様子を見せてあげられないこと。これまで幼稚園の運動会は雨で延期になることが多く、3年間のうち夫が出席できたのは1回だけ。夫がいないと、息子は寂しそうだった。父と母、ふたりそろって「卒園、おめでとう」と言いたかったのに…。

右▼夫が来られなかった幼稚園の運動会。親子で参加する競技、周りはお父さんばかり。

左▼入園式の日。制服がブカブカでかわいい！

March 4

心の天気▼雨のち晴れ

よくがんばったね 卒園、おめでとう

息子の卒園式。

前日、息子が卒園式で着る制服をアイロンがけしながら、色々な思いがこみ上げてしまい、涙が止まらなかった。不妊治療のすえ、お腹に来てくれたこと。

卒園式前日、アイロンがけした制服。

10か月間、お腹にいてくれたこと。初めて顔を見た瞬間のこと。初めて抱っこした時のこと…。

卒園式は1時間弱で終了。しかも時間差で1クラスずつ行われ、娘の時とはまったく違う雰囲気。「(卒園式の開催について)話が二転三転してしまい、皆さんにはご迷惑をおかけしました」と、先生が涙をこらえながらお話しされた。その時の先生方の姿が、今日までのことを物語っているかのようだった。先生たちは、全力で子どもたちを守ってくれたのだ——本当に、忘れられない卒園式になった。

来てもらえないしゅうちゃん(弟)も、行けないお父さんもかわいそうだと思った。

From ichika

March 6

卒園式のあと、「おめでとう」のハグ

心の天気▼くもり

娘の成長にうれしく、寂しくもあり

「もうすぐ6年生だし、来年は中学生だし、ベッドを自分の部屋に移動しようかな」

娘の言葉に、とても寂しい気持ちになった。娘のベッドは寝室に置いてあり、家族4人並んで寝ていた。本当は、私はまだまだ一緒に寝たかった…。

もっと前にも、娘は「ベッドを移動しようかな」と言っていたけれど、その時に私は「お母さん、まだ一緒に寝たいな」と引きとめてしまった。娘が自分で決めたこと。これも成長過程のひとつだと、今回は受け入れるしかないと思った。「わかった! じゃあ、動かそう!」と、今日のうちに移動を決意。

ベッドの移動は、思った以上にタイヘン。娘はベッド下に本をたくさん収納していたので、まずはそれをいったん出し、ベッドを娘の部屋まで運んだ。移動したあと、娘はうれしそうにベッド下に本を戻していた。そんな娘を見て、思わず「たまには一緒に寝てね」と言ってしまった。

寝室にベッドを並べていた頃。ゴロゴロしたりはしゃいだり、娘と一緒にベッドに入って学校であったことなど色々な話を聞いてました。

娘の部屋

娘の成長に合わせて子ども部屋をリニューアル

以前の娘の部屋はデスクもベッドも置かず、広々としていました。今は家具が多くなりましたが、収納を工夫してラグを置けるスペースも確保。ただ、全身鏡だけはどうしても置くことができず、壁に取り付けるタイプに変更しました。以前と比べて、アニメグッズや本など娘が趣味で集めている物も多くなりました。

詳しくは P.080

AFTER

BEFORE

March 7

心の天気▼くもり

娘のストレスが爆発！

コロナで小学校が突然、休みになった娘は「家にいるのは好きだから大丈夫！」と言っていた。でも、小学校に行けない日が続くなかで、あきらかにストレスが溜まってきている様子。そして今日、イライラが爆発した。

「毎日、ニュースをひとつ取り上げ、感想を書く」という学校の宿題をしていた時のこと。今まで毎日、テレビを見たりネットで記事を読んだりして、娘なりにニュースを調べていた。でも、この宿題が一番のストレスの原因になっていたのだ。

「いつ見ても、なにを調べてもコロナコロナコロナ！　コロナのことばっか！！！　感想なんてない！！！　タイヘンだと思う！　早くなくなってほしいと思う！　もう、それだけ！！！」

ニュースを見ていた娘は、大声でそう叫んだ。そんな様子を見て、私たちはコロナウイルスではなく〝ココロウイルス〟にかかってしまう寸前かもしれない…と思った。

まだまだ先が見えず、学校がいつ再開するのかもわからない状況で、親としてやらなければならないことがある。娘や息子が家での時間をストレスなく過ごせるように、とにかくふたりが楽しめることを見つけてたくさん遊ぼう。そう心に決めた。

右▼娘が通っていたキックボクシングも無期限休業に…。
左▼ストレス発散に庭で弟と遊んでいる様子。

March
13

ダイニングのシェルフ

BEFORE

娘も息子もダイニングで宿題をするので、ランドセルや教科書はダイニングのシェルフに収納。その他、コロナ前は私が仕事で使う資料や書類、カメラ本体や充電器、メモリカードなど家族で使う物もここに収納していました。

AFTER

コロナでステイホーム中、子どもたちが工作することが増えたので、私の物は別の場所に移動。夏頃には子どもたちの物でほとんど埋め尽くされました。見た目も前よりガチャガチャしていますが、家族がラクできる収納が優先です。

詳しくは P.076

心の天気▼くもり時々晴れ

片付いていなくてもいい 笑って過ごそう

今日は息子の小学校の入学式。式自体は、たった10分で終わった。娘の時は親も一緒にみんなで集まって記念撮影したのに、今回は子どものみ。残念だけれど、入学式が行われただけありがたいこと。新しいお友だちやお母さんたちと、マスクを外して挨拶できる日、そして笑い合える日は必ず来る。その日を楽しみに過ごそうと思った。

そして明日からもずっと続く、子どもたちとのおうち時間。

「完璧な育児」
「完璧な食事」
「完璧な片付け」

そんなものは手放して、子どもたちと笑顔で乗り越えられるようにがんばろう。別にゲームをしたっていい。手抜き料理でもいい。部屋が散らかっていたっていい。

私も子どもたちも、抜くところは抜いていこう。そしてできるだけ笑って過ごそう。

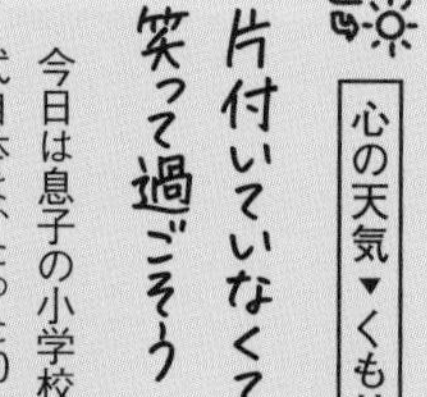

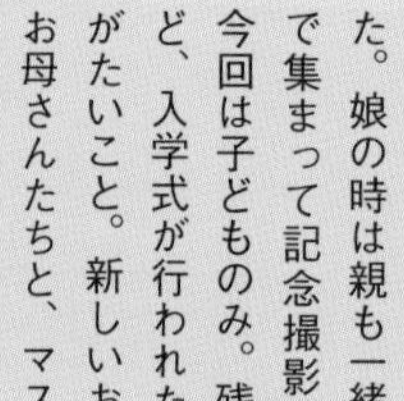

右▼コロナのなか迎えた息子の入学式。
左▼廊下いっぱいにおもちゃを広げて遊んだ思い出。

私の時とは色々なことが違い過ぎて、しゅうちゃん(弟)がかわいそうだなと思った。

From ichika

April
7

ゲームの収納

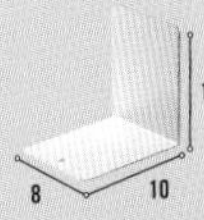

スチール仕切板 小

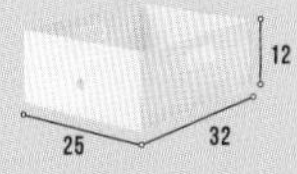

ポリプロピレンファイル
ボックススタンダード
幅25cmタイプ・1/2
ホワイトグレー

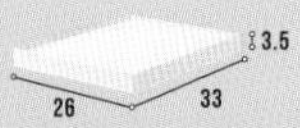

ポリプロピレンファイル
ボックススタンダード用
キャスターもつけられるフタ
幅25cm用・ホワイトグレー

※いずれも無印良品

コロナ前は、ゲームのやり過ぎ防止のため、ディスクやゲーム関連の本はあえて出し入れするのが面倒な押し入れに収納していました。休校中、時間を決めて遊ぶ約束で子どもたちが取り出しやすいテレビ下に移動。

ボックスの中。ディスクやゲーム関連の本が重ならないよう仕切板を逆さにして置き、その上に並べています。

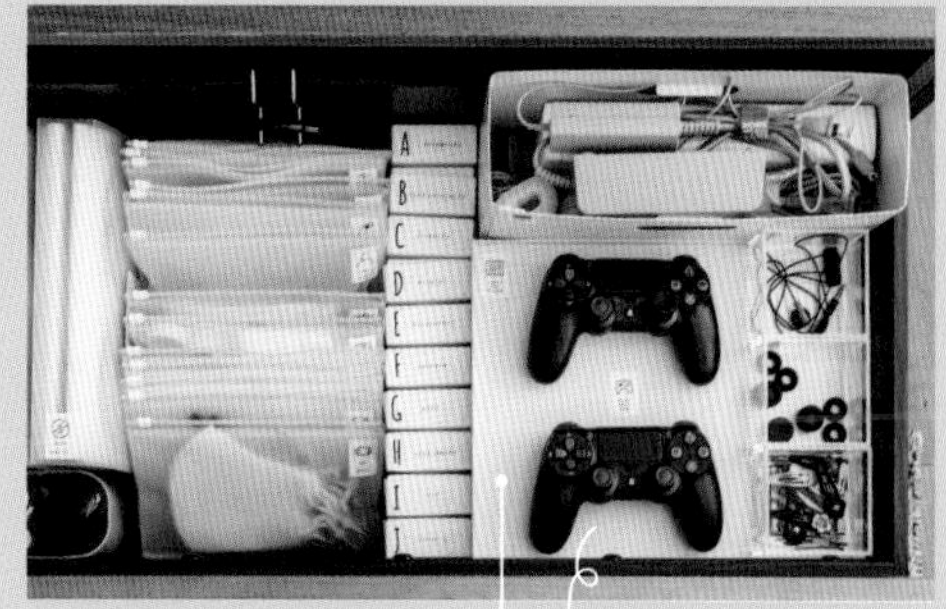

ボックスにフタをかぶせて、その上にゲーム用のコントローラーを並べています。

April 20

自分にイライラ…心が疲れ気味になる

心の天気▼くもり

ここ最近、心がやられそうになる。子どもたちが毎日、家にいるなかで、育児・家事・仕事をこなすのはやっぱりタイヘン。こなせていない自分にイライラしてしまう。今まで子どもたちが学校に行っている時間が仕事時間だったから、完全にバランスが崩れた。

いつまで続くかわからないからこそ、いったんゼロにしてバランスを整え直す必要があるのだろう。

趣味のバス釣り、また行きたいな…。

ステイホーム中、多く取り入れたのが観葉植物。寝室やトイレなど家族がくつろげる場所にグリーンを飾り、イライラを落ち着かせました。写真は2階のトイレ。娘が描いてくれた家族4人のイラストと一緒に飾っています。

April 25

仕事の時間を確保する

心の天気▼雨のち晴れ

できるだけ子どもたちと遊ぶ時間を作る。でもやるべき仕事はやる。理解してもらうため、子どもたちにも話した。

特に幼い息子はまだわからないことが多い。以前も、仕事でリモートの打ち合わせ中に息子が割り込んで入って来てしまったので強く言った。

「お母さんはどうしても仕事をしなければならない時がある。協力してくれないとお母さんは仕事ができない。仕事は遊びじゃない。だから約束してほしい。誰かと大事なお話をしている時は、お部屋に入って来ないで」と。

理解してくれた息子は、今日は私がリモートで打ち合わせしている間、部屋に入ろうとはしなかった。

「お仕事させてくれてありがとう。約束を守ってくれてありがとう」

仕事が終わったあとは、感謝の気持ちを言葉にして伝えることを忘れないように。

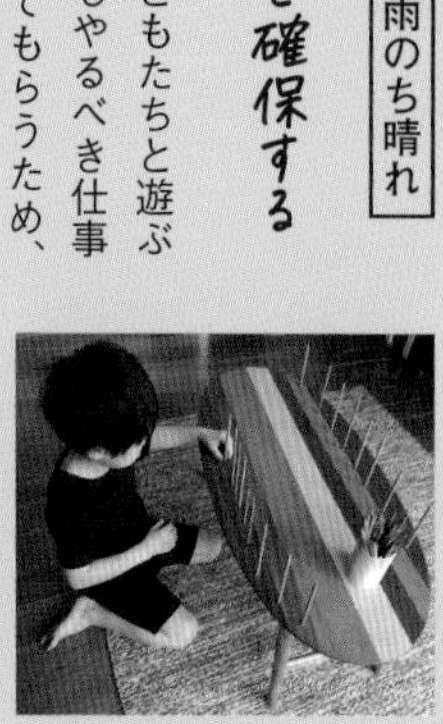

息子は自分で遊びを見つけて私に仕事をさせてくれた。

家のことをやりながら仕事するのはタイヘン。お母さんのジャマをしないようにしたい。

From ichika

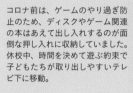

※いずれも無印良品

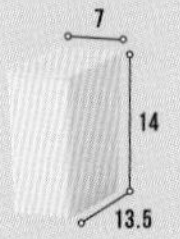

ポリプロピレンごみ箱
角型・ミニ（約0.9L）

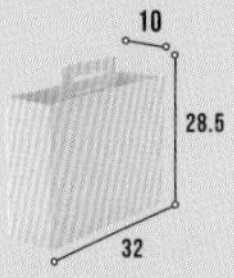

ポリプロピレン
持ち手付きファイルボックス
スタンダードタイプ・ホワイトグレー

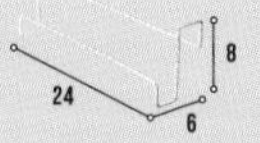

ステンレス扉につけるフック
ワイド

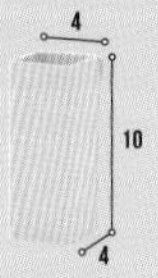

ポリプロピレン
ファイルボックス用・ペンポケット

在宅ワークが増えた一方、子どもたちも休校で家にいる時間が長くなり、決まった場所で仕事がしづらくなりました。そこで考えたのが、通称「やどかりセット」。仕事でよく使うアイテムをファイルボックスにまとめたもので、これを持ち運べばやどかりのようにホーム（仕事部屋）を色々変えることができます。

やどかりセット

ペンポケット3つ＋ごみ箱1つ分の幅がフックとピッタリ。

子どもたちが描いてくれた似顔絵を貼って癒やしに。

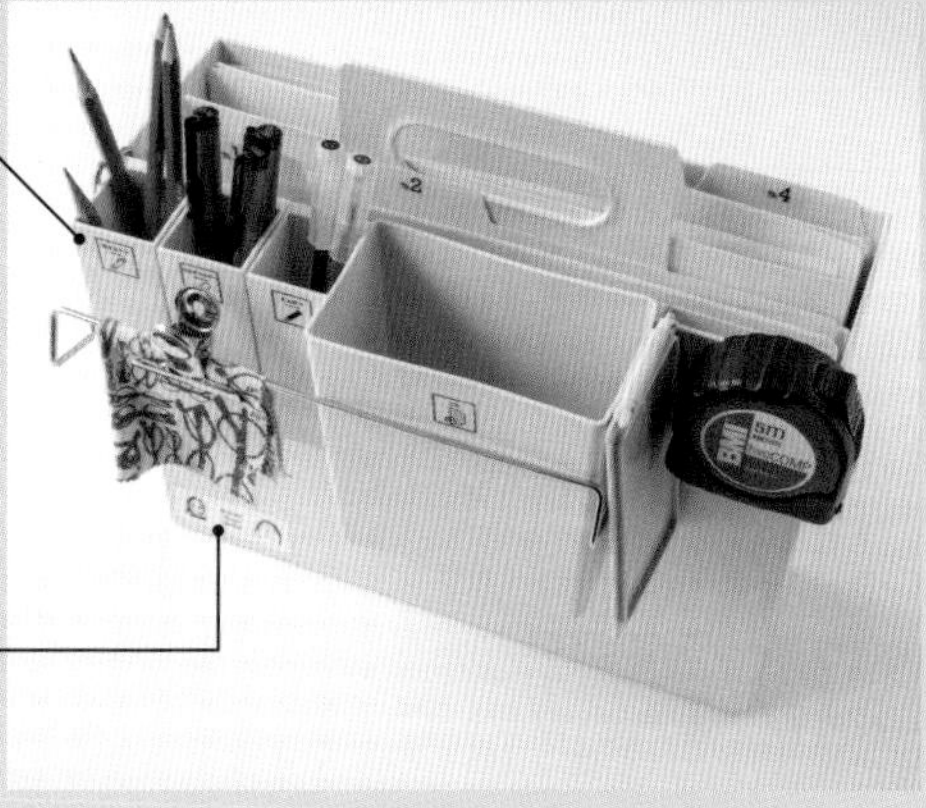

心の天気▼晴れ

おうち時間を楽しむ

子どもたちと一緒に、お絵描きやスライム作り。スライムは何度か失敗したけれど、最終的にはとてもかわいくてきれいな作品が完成！ 子どもたちが「楽しい！」と笑顔で作る様子を見ることができて、とてもうれしかった。「次はスクイーズ作りをしようね」と、ふたりと約束。

なんだか、こんなに子どもたちと一日がっつり遊ぶのはコロナな日々になってから初めてのような気がする。こういう時間って大事だな。

April
30

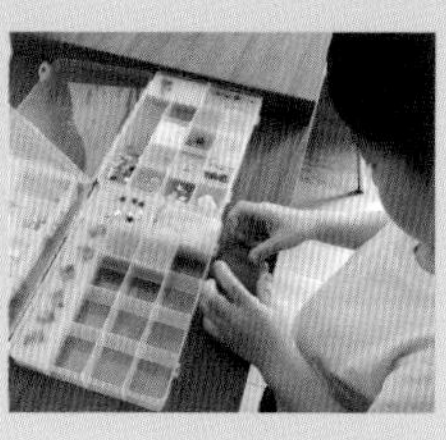
スライムをダイソーのケース（50ページ参照）に入れて完成！

工作セット

自粛期間中に増えた子どもたちの工作セットは、すぐ取り出せるダイニングのシェルフ（76ページ参照）に収納。大きいボックスにまとめると色々混ざってしまうので、種類別に分けてそれぞれファイルボックスに立てて入れています。

心の天気▼晴れ

コロナ禍のなか迎えた娘の誕生日

今日は娘の12回目の誕生日。こんな状況だからこそ、家族4人そろって娘の誕生日を迎えられたことに大きな幸せを感じる。「毎年のように、誕生日旅行に行くことはできないけれど…」と娘に伝えた時、「みんな一緒にいるから別にいいよ！」という返事。その言葉がうれしかった。

朝早く起きて、誕生日恒例のデコレーションをリビングの壁に準備した。色々なことを思い出しながら…。

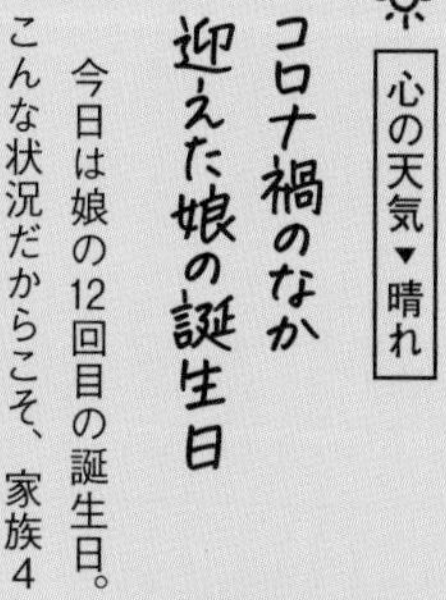

リビングの壁にデコレーションするのがわが家流。

May
20

正直な気持ちは、いつもみたいに誕生日旅行に行きたかった。壁のデコレーションは毎年、うれしい！

From ichika

心の天気▼晴れ

待ちわびた日！ ふたり一緒の登校

今まで普通だった日々が、当たり前ではなくなった。あれから何日、経ったのだろう？ 想定外の卒園式と入学式、そして自粛生活…「楽しみにしていた日」を迎えることなく、今日まで来た。

　でも、でも！ ついに、この日が来た。ふたりがランドセルを背負って一緒に登校する日。「仲良く手をつないで」とはいかないけれど、一緒に登校する姿を見ることができてうれしい。ずっと、この瞬間を楽しみにしていたから。でも、来週からは分散登校で1日おきの登校。少しずつ、少しずつ…。

久しぶりに登校しても、みんなとたくさんしゃべれなかった。最後の1年なのに…。
From ichika

May
28

思い出の写真

1年に1冊、子どもたちが家を離れるまで作ろうと決めている家族アルバム。いつでも見られるように、ダイニングのシェルフに置いています。

心の天気▼くもり

今後の働き方に迷いが生まれる

　子どもたちの給食が再開し、仕事の時間を確保しやすくなった。とは言っても、以前のような外での仕事は減り、ほとんどが自宅で行う作業。今後、しばらくはリモートでの打ち合わせやセミナーが基本になるんだろう。

　今日、ふと思った。「そういえば私、本当は人前に出る仕事が苦手なんだよな…今のほうが、理想的なのかな」と。少し怖かった。この生活スタイルに慣れてしまった時、また人前に出て講座やトークショーができるのだろうか？ もうひとりの自分が「これを機に、いっさい人前に出る仕事はやめれば？」と言っている気がした。

　そのことを娘に話す。すると娘は「お母さんの整理収納の話、まだ聞きたい人もいるんじゃない？ 誰かが声を掛けてくれている間はもったいないよ」と。娘はいつも冷静で、小学生とは思えない助言をしてくれる。その言葉に何度、背中を押されたことか。そうだよね、声が掛かるうちはがんばらなきゃね。

右▼以前行った、子ども向けセミナー。
左▼リモートでのテレビ撮影も増えた。

June
10

心の天気▼雷雨

インスタが乗っ取られた

　コロナと共存していく暮らしに慣れなければいけないと頭ではわかっているけれど、ふとした時に不安になったり怖くなったりする。そんな時の癒やしは家族ともうひとつ、インスタグラムだ。これだと、人見知りの私でも多くの方と楽しくやりとりができる。皆さんからのコメントを見て、「私だけじゃないんだ」と励まされたり、たくさん応援コメントをいただいたり…。

　そんな大事なインスタグラムのアカウントが誰かに乗っ取られた。2万人近くのフォロワーさんに被害が及ぶのだけは避けたくて、とてもとても悲しかったけれどアカウントを削除した。

　家の中にいればコロナから身を守ることができる。でも、家の中にいてもこんな大きな危険があったなんて…。悔しくて悲しくて申しわけなくて、ここ最近ずっと泣いてばかり。

右▼何気ない日常を記録していたインスタグラム。
左▼皆さんとつながる唯一の場所だった。新たにアカウントを取り直しスタート。

誰か知らないけど、ひどいことする人がいるなあ。お母さんには負けないでほしい。
From ichika

July
19

久しぶりに作る自分のための収納

心の天気▼くもりのち晴れ

以前、娘がベッドを移動したタイミングで息子のベッドを買い、寝室に配置した。ところが娘の影響を受け、息子まで「自分の部屋にベッドを移動する！」と言い出した。息子の意志は固く、とうとう寝室はダブルベッドだけに…。

寝室が広く感じたことに加え、休校中にダイニングのシェルフが子どもたちの物で溢れ、私の物を収納する場所がなくなったこともあり、「寝室に自分の収納スペースを作ろうかな」と思って夫に相談。すると「良いと思うよ。なんか殺風景な部屋になっちゃったしね」と賛成してくれた。

そして今日、新しく購入した寝室用のシェルフが届いた。これから作る収納は家族目線ではなく、私の好きなようにできる…自分のための収納は久しぶり。少しずつ、作り上げよう。インスタグラムの一件で、かなり心がやられていたけれど、少し前向きになれるきっかけができた。

右▼塞ぎ込んでいた心を癒やしたくて最初に購入したグリーン。
左▼寝室の収納場所は4か月ほどかけてじっくり作り上げた。

詳しくは P.090

July
20

子どもたちの個人面談 心配だった息子の勉強

心の天気▼くもり時々晴れ

担任の先生と子どもたちの日常や学習について話す。私が知らなかった子どもたちの一面を聞くことができ、心配していたことを相談できて良かった。

特に気にかかっていたのは、息子の勉強面。小学校に入学したとたん、学校が休校期間に入ってしまったので、息子は宿題や勉強の仕方がいまいちわからない。学校で授業を受けないぶん、私が先生代わりになって自宅で教えるしかなかった。でも、なかなかうまく教えられないし、息子も途中でイヤになってしまう。そんな息子に私もイライラし、なかなか勉強が進まない…。先生は「みんな同じですから焦らなくて大丈夫ですよ。根気よく、少しずつ学校でもご家庭でも進めましょう」と言ってくれて安心した。

子どものことになると、どうしても色々なことに過剰に反応してしまう。心配し過ぎず、客観的に子どもたちを見なければいけないのに。

お気に入りのスパイダーマンの服を着て朝顔を育てる宿題に取り組む息子。

July
29

息子のファイル収納

クリアホルダーはダイニングのシェルフに、教科書やノートと一緒に収納。

自宅学習用のプリント類が増えたため、息子が管理しやすいようオリジナルファイルを作りました。クリアホルダー数枚にパンチで２つ穴を開け、リングでまとめています。息子にとっては上から入れるクリアポケットは面倒で、横からざっくり入れられるクリアホルダーがベスト。「さんすう」「カタカナ」などラベルを貼って分類しています。

息子の収納場所

勉強グッズ▶ダイニング

息子は娘と同じく、勉強するのはダイニングで。そのため、ダイニングのシェルフに教科書やノートを収納しています。

趣味の物▶子ども部屋

サッカー教室に通っている息子の部屋には、ウェアやバッグをまとめた専用シェルフを設置。シェルフの側面にボードを付け、大会でもらったメダルを飾っています。その隣のシェルフは、今はおもちゃ置き場になっていますが、将来はここで勉強をするはず。

もらったメダルはシェルフ側面のボードに飾って場所を取らず、いつでも見られるように。

合宿に持参する物は引き出しに収納。「りょうりするときのようふく」「ぱじゃま」など、ラベリングした衣類用のポリ袋は使い回しです。

旅行の準備

息子と同じく（上）、娘も衣類はチャック付きのポリ袋に入れています。収納場所や収納方法が決まっていれば、自分で準備してくれるので私もラク。

詳しくは P.054

心の天気▼晴れ

最初で最後の水遊び

今日は2泊3日の家族旅行に出掛けた。遊びに行った先やホテルなど、どの場所もコロナ対策が徹底されていた。プールや海に入って、子どもたちにとっては今年最初で最後の水遊び。

コロナの影響で小学校のプールの授業は中止になり、自宅近くの市民プールも休館。この夏はずっとそんな状況だったから、子どもたちはとても喜んでいた。やっぱり、外で思いっきり遊びたかったんだろうな。

August
10

近場だったけど、子どもたちも大満足。

心の天気▼晴れ

1年を通じてやり抜いた大きな仕事がついに…!

コロナが広がり始める直前、2019年12月頃から始動した、一軒丸ごとプロデュースのお仕事。トヨタホーム東京様とタッグを組んで「収納をとことん考え抜いた家」を建てるため一生懸命に取り組み、ついに今日、「収納特化の家」が展示場としてオープンを迎えた。コロナ対策を行いながら、来ていただいた皆さんをご案内。「完成を楽しみにしていました!」という言葉がうれしかった。

間取りや収納の仕様を考え、家が建ってからはほとんどの場所の収納をスタイリング。実際に物を入れ込む作業もした。正直、とてもプレッシャーのある仕事だったし、本当にタイヘンな仕事だったけれど、とてもやりがいを感じた。

この仕事を1年間やり抜くことができたのは、家族の理解とサポートがあったからこそ。私にお声掛けくださったトヨタホーム東京の皆さんにも感謝。この仕事を通じて学んだことは、私の大きな強みになったと思う。

右▼現地で、実際に物を収納しているところ。
左▼一緒に取り組んだトヨタホーム東京の皆さんと記念写真。

November
14

心の天気▼晴れのちくもり

ふたり一緒の運動会 普通じゃない運動会

今日は、娘にとっては小学校生活最後の、息子にとっては最初の運動会だった。そして、私にとっては唯一、5歳差のふたりが一緒に参加する姿を見られる運動会…。

コロナの影響を受け、一時は中止の連絡が来たけれど、結局、3学年ずつ分けて開催されることに。1年生の息子と6年生の娘は運良く同日だった。同じ体操服を着て、同じ競技に出て、ふたりのがんばる姿を見られてうれしかった。

でも…やっぱりコロナの影響は大きく、例年とはまったく違う雰囲気。声援なし、掛け声なし、お弁当なし、競技は午前中で終わり。そして観戦できるのは一家族ふたりまで。

小学校最後の運動会、きっと娘なりに色々な思いがあっただろうな。「こんななかでの運動会だからこそ、ずっと覚えていると思うよ」と、娘に伝えた。初めての運動会だった息子は「運動会って本当はもっと長いの?」と聞いてきた。「そうだよ。本当は一緒にお弁当食べて、そのあとも運動会なんだよ」と伝えた。すると息子は「その運動会、いつできるの?」と…。「来年はきっとできるんじゃないかな」と言いたかったけれど、今の状況からは、はっきり言えなかった。

コロナはいつまで続くんだろう。変わってしまった生活に対応するしかないと頭ではわかっているけれど、以前のように早く戻ってほしいと願う自分もいたりする。

右▼娘たちはソーラン節を披露。掛け声はなしで。
左▼マスクをしたまま玉入れに挑む息子。

声を出しながら踊りたかった。最後の運動会、あっという間に終わっちゃったな。

From ichika

November
18

心の天気▼くもりのち晴れ

修学旅行がなくなり、日帰り旅行に…

今日、娘は修学旅行の予定だった。でも、コロナの影響で宿泊ができなくなり、代わりに水族館とアトラクションがある場所へ日帰りで行くことに。娘は「泊まれないけど、アトラク

遠足で行く場所の下見をかねて、事前に家族で遊びに行った。

ションに乗れるからまぁいいや!」と気持ちを切り替えて、とても楽しみにしていた。

でも…台風が近付いて、前日から天気は雨。事前に遠足は雨天決行だと聞いていたけれど、娘は「雨だと乗り物に乗れなくなる」と心配していた。だから、何日も前から「この日だけは雨が降らないように」と願っていたのに…。

朝、お弁当を作りながら娘や同じ6年生のことを思うと、とても辛かった。修学旅行がなくなったうえ、遠足の日は雨で乗り物に乗れない。本当にかわいそう…。雨の中、出発する娘のうしろ姿を見て「娘やお友だちが楽しめますように、いい思い出が作れますように」と心から願った。

夕方、日帰り旅行から帰宅した娘に「どうだった?」と聞くと、「乗れないアトラクションばかりだったけど楽しかったよ!」と元気よく返事。それを聞いて、とてもうれしかった。

小学校最後の遠足、願いを込めて作ったお弁当。

下見して、みんなで何に乗るか計画まで立てていたのに雨が降って予定が台無し。みんなで泊まる修学旅行へ行きたかった。
From ichika

November 28

心の天気▼くもり時々晴れ

部屋作りを楽しむ家族の姿がうれしい

ここ最近、毎日のように感染者が増えている。ニュースでは、4月に緊急事態宣言が出た時よりも深刻な状況だと言っていた。現状を知ることは大切だけど、正直もうニュースは見たくないし、聞きたくない。気持ちがネガティブになってしまう。コロナウイルスではなく〝ココロウイルス〟にやられてしまわないように、前向きに笑顔で過ごしたい。

先日、100円グッズを使ってトレース台を作ってあげたら息子がはまり、たくさん絵を描くようになった。息子は完成した絵を部屋に貼っていたけれど、だんだんと紙が丸まってしまったから一つひとつクリアホルダーに入れて、きれいに剥がせる両面テープで壁に貼ってあげた。それを見て、息子は大喜び! 娘も「すごくいい!」と絶賛してくれた。部屋を自分なりに飾って楽しむ子どもたちの様子を見ることが、今の私の喜びになっている。

December 3

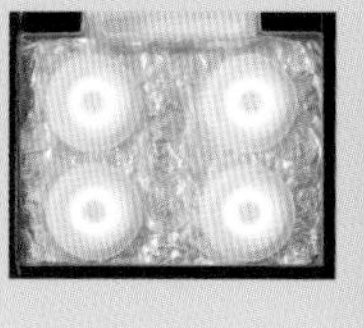
お手製トレース台

100円グッズのケースとライトで作った自家製トレース台。ネットで紹介されていたのを参考に、アレンジして作りました。イラストを入れるクリアホルダーも10枚セット110円! 工作セット(38ページ参照)と一緒に収納しています。

100円グッズで楽しむおうち時間

AFTER

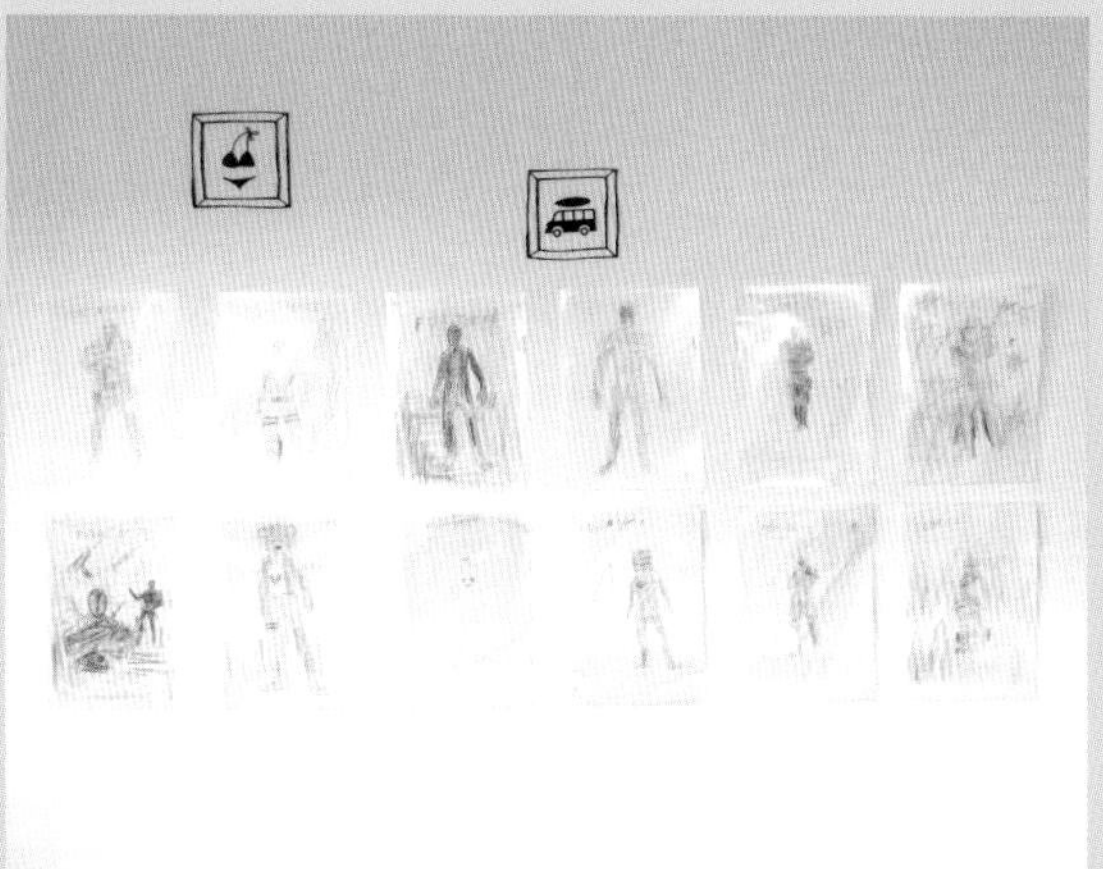
クリアホルダーに入れて、壁に貼って並べた状態。今も数がどんどん増えています。

BEFORE

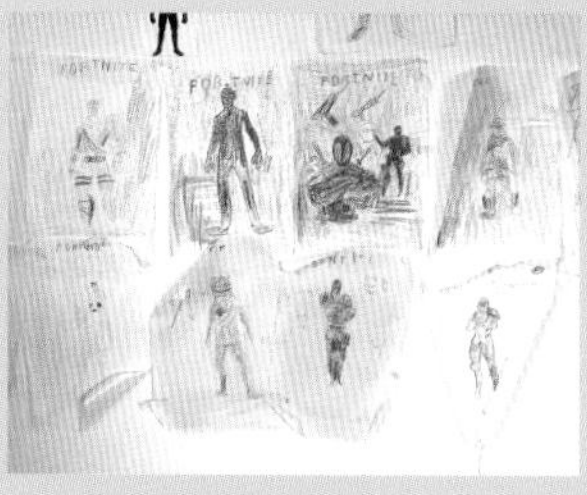
時間が経つと紙が端から丸まってしまいました。

心の天気▼晴れ

家を建てて以来の夢 今年こそ叶える時？

最近、とても寒くなってきて、子どもたちが口々に「じいじと、ばあばの家に遊びに行きたい」と言うようになった。もちろん、「会いたい」という気持ちもあるだろうけど、「こたつに入りたい」という理由も大きい。わが家にはこたつがない。

私にとっても、実家でこたつに入ってゴロゴロするのは至福の時間だった。だから、この家を建てて和室を作った時、「いつかこの場所にこたつを置きたい」という夢を持っていた。それから9年、なかなか実現に踏み切れず…。

でも、今年こそ意を決して夫に相談してみようかな。こたつがあれば、この先も続くコロナな日々のなか、子どもたちも私も、もっともっと「おうち時間」が楽しくなるかもしれない。

こたつが入って、すっごくうれしかった！ おうち時間が快適になった！

From ichika

和室のリニューアル

家を建てる時、私の強い希望で作ってもらった3畳の和室。以前、和室は子どもたちのお世話をする場所でした（下の写真）。和室の隅にお世話セットを置いて、オムツ交換もここで。和室はリビングからすぐ近くなので、2階の子ども部屋でお世話するよりずっとラクだったんです。この和室で「いつかこたつを置いて、ゆっくりお茶を飲みたい…」と考えていたのですが、とうとうその夢を叶える時が。辛いコロナな日々の今だからこそ、取り入れる決断ができたように思います。

AFTER

こたつはネットですごく探して心から気に入った物を購入。家具や隣に配置したシェルフ（88ページ参照）と同じ、ウォールナット材のものを選びました。

BEFORE

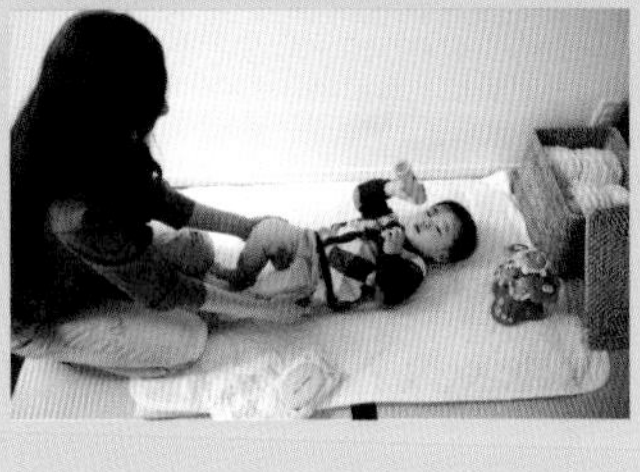

December 10

心の天気▼くもりのち晴れ

整理収納のおかげ 今までも、これからも…

2021年の春に出版する予定の書籍を制作中。今回は娘との共同作業なので、今までの本の制作とはまた違った思いで取り組んでいる。

娘と一緒に子ども部屋を作り上げたこと、学校の準備や宿題、片付けをめぐって言い合いになってしまったこと、使いやすいよう自分なりに考えて収納を工夫する娘の姿を見て、成長を感じたこと…。

たくさん思い返しながら制作するなかで、娘の育児も息子の育児も、整理収納を通じて色々なことを考えて学んできたことを改めて実感。子どもたちのことを理解し、気持ちに寄り添うためにも整理収納は大きな役割を果たしてくれた。それは、コロナな日々の今も変わらず…。これから先も、こうして私は整理収納に助けられながら子育てをしていくんだろうな。

右▼娘が本の整理収納をしている時の様子。
左▼息子と一緒におもちゃの整理収納。

お母さんがいつも整理収納を一緒に考えてくれるのがうれしい。だから、好きなことがいつでもできるし、「おうち時間」はイヤじゃないよ！

From ichika

December 22

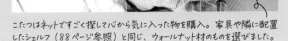

CHAPTER 03

娘の収納用品Report《レポート》10

娘ならではのポイント&使いこなしに、母は脱帽!

娘がふだんから愛用している、10の収納用品。

改めて、「どういうところがお気に入り?」「自分流の使い方は?」「使う時に注意していることは?」などを、娘なりにレポートにしてまとめました。

母が想像もしないような娘の視点とこだわりに思わず感心してしまいます。

商品名

お助け本棚

販売	色	サイズ
DAISO	ホワイト	幅13.5×奥行10.5×高さ21cm

素材	値段
ポリスチレン	税込110円

point

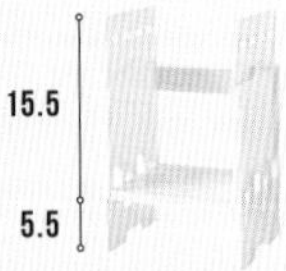

空間を
前後に分ける

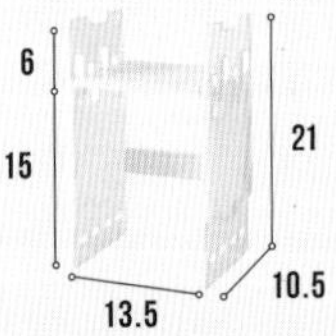

空間を
上下に分ける

2 奥にある本の背表紙が見やすい

1 これを置くだけで本の収納場所が増やせる

3 下にある本が取り出しやすい

4 形がシンプルで収納しやすい

5 文庫本(高さ14.8cm)がピッタリ入る

これで1セット!

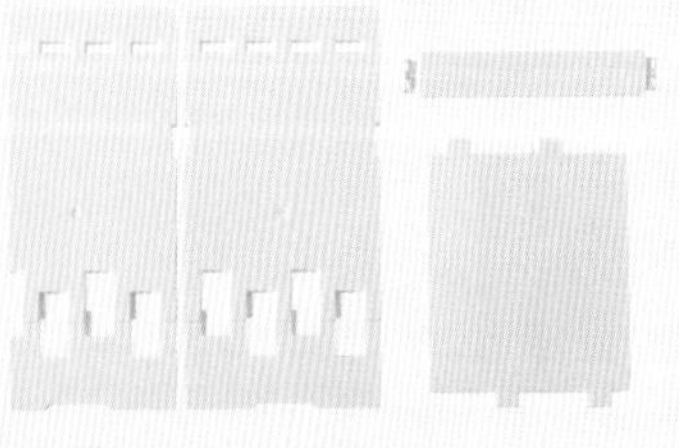

2

how to

1. 前後で分けるのか、上下で分けるのか、どっちの使い方をするのかを決める
2. 組み立てる(組み立て方はかんたん!)
   ※組み立て方は、お助け本棚が入っていた袋に書いてある
3. 後日、使い方を変えたくなったら組み立て直せばOK

caution

⚠ プラスチックだから、優しく使わないと折れちゃうかも…

⚠ 本体に薄くAとBという文字が入っているから、組み立てる時によく見ること

use 他の使い方を教えてもらった！

※解説はお母さん担当

キャラクターグッズを飾る

同じサイズの人形は、うしろに並べる物をお助け本棚にのせて高くしてあげるとよく見えます。

キッチン用品の収納に

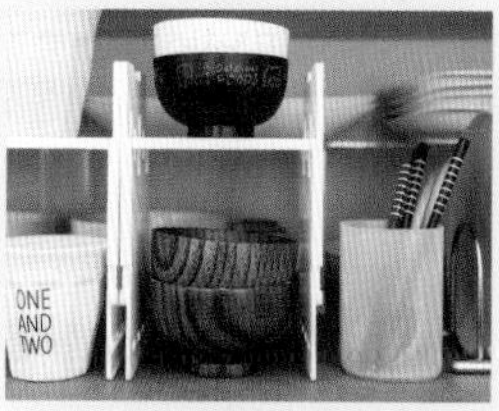

食器棚の有効活用にも最適。割れない物や重たくない物であれば、上の段にのせても大丈夫です。

before 奥に入れると取りづらい！

以前、鉛筆けずりは取り出しやすいよう手前に置いていたけれど、ペンが増えたから鉛筆けずりを奥に置かないとスペースが足りなくなった。でも奥に入れると取りづらい！ 何かいい方法はないかなーと考えていた時に見つけたのがお助け本棚だった！

▼▼▼

本棚以外の使い方でも大活躍してくれる！

お助け本棚にのせると、めちゃくちゃ取りやすくなった！ 本以外の収納にも使えるからうれしい〜。下のスペースにはシャープペンシルの芯をまとめたケースを置いてるよ。

鉛筆と鉛筆けずりは、同じ時に使う物だからセットで収納。ダイニングのテーブルで使うから、テーブルからすぐ近くの場所（ダイニングのシェルフ）にまとめて置いてる。

▶▶▶ yoko's comment

お手軽な値段で助かる！ 親子にとって強い味方

この商品を見つけた時は、とてもうれしかった！ それまでは集合写真を撮る時のうしろの列の人みたいに、家に余っていたボックスの上に奥の本をのせて背表紙が見えるように工夫していたよね。

今は本の収納ではなくて、ダイニングの鉛筆けずりを取りやすくするために使っているけれど、本が増えたら一花の部屋でも使えるね。本だけじゃなくて、キャラクターグッズを飾るのにも使えそう！ それに、薄い板だから並べて使ったとしても収納量にそれほど影響しないところがすごい。色が白だから、どの場所に置いても悪目立ちしないところもうれしいポイントだよね。この商品は一花の強い味方になると思うし、お手軽に買える価格だから、お母さんにとってもありがたい商品です。

商品名

パンチングボード

販売 DAISO	色 ホワイト、ブラック	サイズ 色々
素材 ABS樹脂	値段 税込 110 ～ 220 円	

E

A 裏側

C

B 黒いパンチングボード（カラーパンチングボード）

小さいサイズの平面棚（12.5×12cm）

D

その他にも、色々な専用グッズがあるよ！

point

取り付け具　ボードの取り付け方法は4種類。

ボードの取り付け方法は 4 種類。①と③は専用の留め具、②は専用の吸盤を使う。留め具と吸盤は別売。

① 粘着テープで接着　② 吸盤を使って吸着
③ フックやビスで引っ掛ける　④ ネジやビスで固定

A 粘着テープ付留め具（4 個入り）

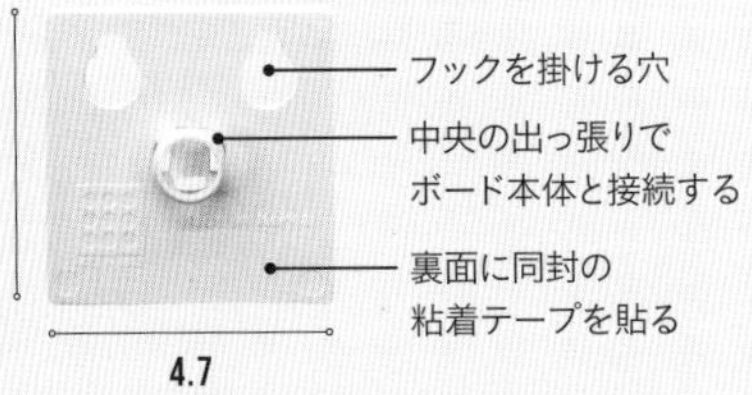

吸盤
（10 個入り）

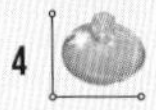

ボード　正方形と長方形の2種類ある。ボードの色は白と黒がある。

B パンチングボード

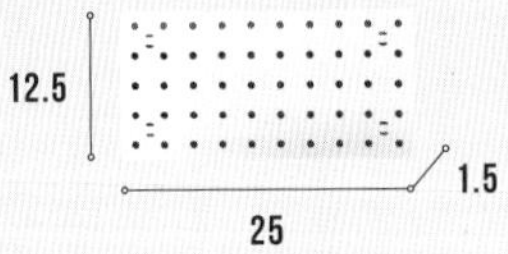

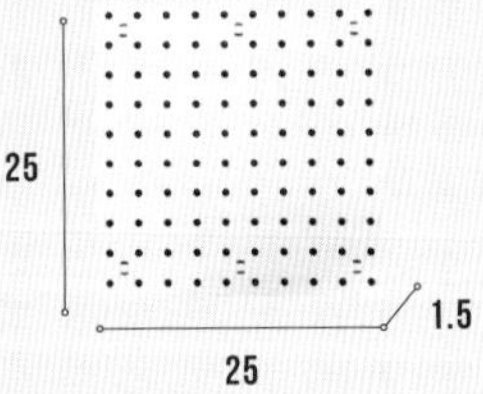

棚　収納棚と平面棚はそれぞれ大小がある。

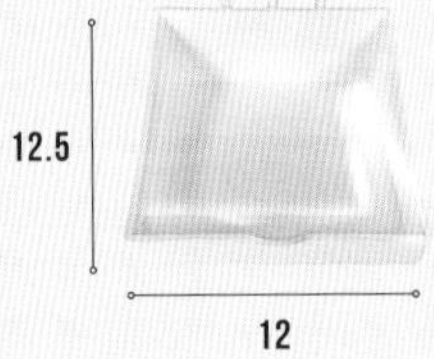

C 収納棚（小）

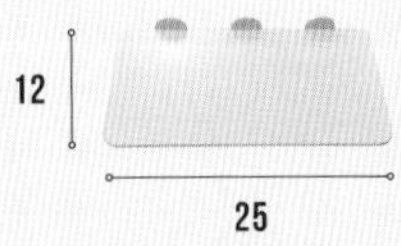

D 平面棚（大）

フック　長さ違いのフックが数種類ある。

E フック（7 個入り）

弟の部屋でもパンチングボードを使っているよ！

引き出しのジャマにならないように

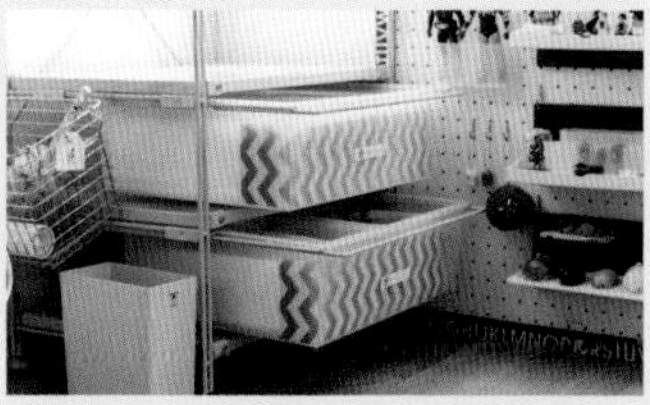

隣の引き出しを開ける時、人形があるとジャマになるからその部分には飾らないようにしてある。左側の引き出し（シェルフ）と右側のベッドで白い有孔ボードをしっかり押さえて、地震が起きた時でも倒れないようにしてあるんだよ。

チューブスタンドにスッポリ！

110円の薬味チューブ用スタンドを使った飾る収納。もともとスタンドに付いていた、冷蔵庫に引っ掛ける部分を取り外すと穴が開いているから、そこにフックでボードに引っ掛けている状態。中に仕切りが付いていて、フィギュアが立てられるよ。

2種類の壁面収納を重ね使い

もともと部屋に設置していた白い有孔ボードの穴と、DAISOのパンチングボード専用のラックは幅が違って合わない。だから、白い壁面収納にまずダイソーのパンチングボード（黒）を付けて、そこに棚などを掛けているんだよ。

有孔ボード（木製）

弟の部屋で使っている黒いパンチングボードは、私の部屋にあるパンチングボード（右ページ）の縦幅が半分のサイズのもの。

yoko's comment
飾る壁面収納で部屋を広く使えるね！

一花はアニメグッズを自分のお金でたくさん買うようになったよね。しかもそれを飾るようになって、いつの間にか部屋がアニメグッズでいっぱいに！

お母さんは大好きな物をたくさん持つことは悪いことだと思っていないし、自分も収集癖があるから一花の気持ちはよくわかるよ。

一花に「しゅうちゃん（弟）の部屋みたいに壁面収納、作ろうか？」って提案したけど、一花は「あんなに大きい物は置きたくない」と言って選んだのが、このパンチングボード。しゅうちゃんの部屋にある白い有孔ボードは木製で、トゲが危ないから周りにガムテープを貼っているんだけど、このパンチングボードはプラスチックだから安全。コンパクトで軽いから、手軽に設置しやすいのもいいよね。

商品名

セクションケース

販売	DAISO	色	クリア	サイズ	色々	素材	ポリプロピレン	値段	税込 110 円

15
ブロック

セクションケース（大）

point

1 仕切りとフタの隙間が狭いから、中の物があふれたりゴチャついたりしない

2 長い物や量が多い物を収納できるスペースもある

3 仕切り板が薄いからスッキリした見た目でたくさん入る！

宝石箱みたい！

ビーズを使って作ったスライムをケースに入れたら、すごくかわいい！ しばらく部屋に飾って楽しんでた。

how to

縦置き

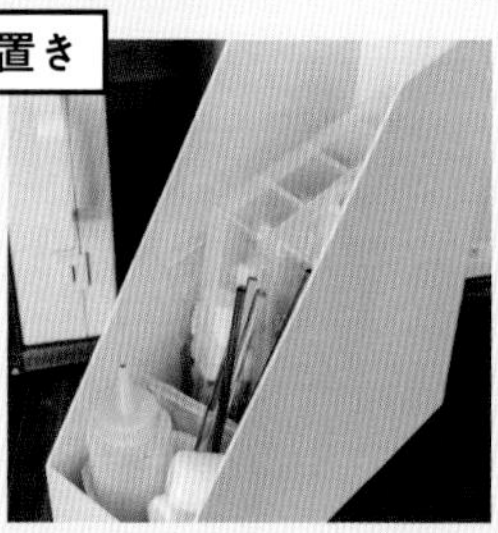

工作用のグッズを入れるケースは、一緒に使う物とセットにしてファイルボックスに縦置き。

平置き

細かいビーズを入れるケースは隙間から漏れないように、ボックスの中に平置き。

caution

⚠ サイズ違いのケースが色々あって、他の100円ショップでも似たようなケースがある。仕切りの数やサイズが微妙に異なる

⚠ 何を、どの場所に、どうやって収納するのかをよく考える

⚠ しっかりフタを閉めないと、落とした時に中身が全部散らばって、タイヘンなことになる

色々な形＆大きさのセクションケースを使ってみた！

ブロックの数もサイズもバラバラ！
それぞれ特徴も違うよ。

11ブロック　細かい物の収納に最適！

3
12.2
14.4

セクションケースNo.4

コンパクトで、バッグに入れて持ち運ぶのにちょうどいいサイズ。

4ブロック　1ブロックのスペースが広い

3.9
13.1
18.7

セクションケースNo.1

種類別で収納＆それぞれの量が多い場合は使い勝手がいい！

7ブロック　仕切り板をプラマイできる

4.1
13.7
21

セクションケースNo.2

仕切り板を取り外したり、位置を変えたりできるから長い物にも対応できる。

10ブロック　1ブロックずつフタ付き

25
2.5
10.3

セクションケース（10ブロック）

持ち手があって子どもでも使いやすい。他より薄めで、一つずつフタが付いているのも特徴。

yoko's comment　分類の仕方は色々途中で変えたっていいね！

おもちゃもおかしも裁縫アイテムも、一目でわかる一括収納ができちゃうセクションケースは優れものだね。このケースを買った時、一花がビーズや工作アイテムをうれしそうに収納していたのを覚えてる。

収納の仕方も、少しずつ変わってるよね。最初は同じ種類のアイテムで分類していたけど、「工作する時に色や柄を選びやすいように」と言って、いつからか「色別」で分類するようになったね。自分がどうすれば使いやすいかを考えて、工夫していることに感心したよ！

「アイテム別」に分類して収納するという考え方があるけれど、実は「目的別」に分類・収納したほうが使いやすい物もあるよね。お母さんも、洋服はアイテム別だけではなく、「講師用」や「作業用」など目的別に収納してるよ。

商品名

ラベルプリンター「テプラ」PRO

"MARK" SR-MK1

販売 キングジム	色 カーキとベージュの2種類	サイズ 幅13.3×奥行5.5×高さ14.6cm
素材 ABS樹脂	値段 税込16,500円	

point

2 幅2.4cmのテープも使えるから、大きくて見やすいラベルが作れる

1 自分の描いた絵がラベルになるのがうれしい!

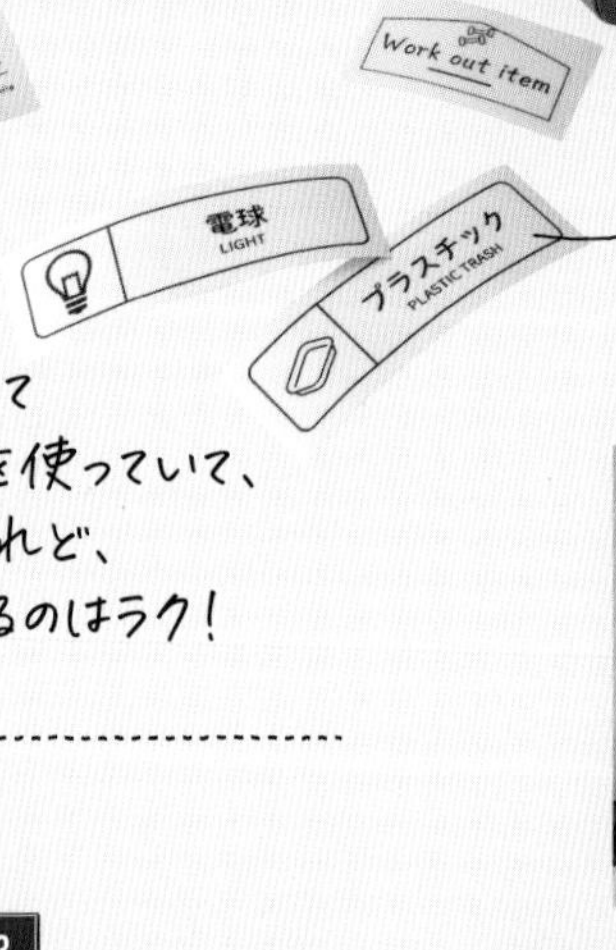

3 テンプレートが豊富で、ラクにおしゃれなラベルになる

4 今まで本体のボタンを押してラベルの文字を打つタイプを使っていて、それはそれで楽しかったけれど、スマートフォンから取り込めるのはラク!

5 落ち着いた色でシンプルだから出しっぱなしでも部屋になじむ

how to

1 スマートフォンを使って、専用アプリからラベルのデザインを選ぶ

2 テキストを入力して、ラベルを印刷する

3 絵を取り込みたい時は、スマートフォンに画像を保存すればラベルに入れられる

3

caution

⚠ スマートフォンで作るものだから、親と一緒に作ったほうがいいと思う。スマートフォンで変なところを押しちゃうと困るから

D

C

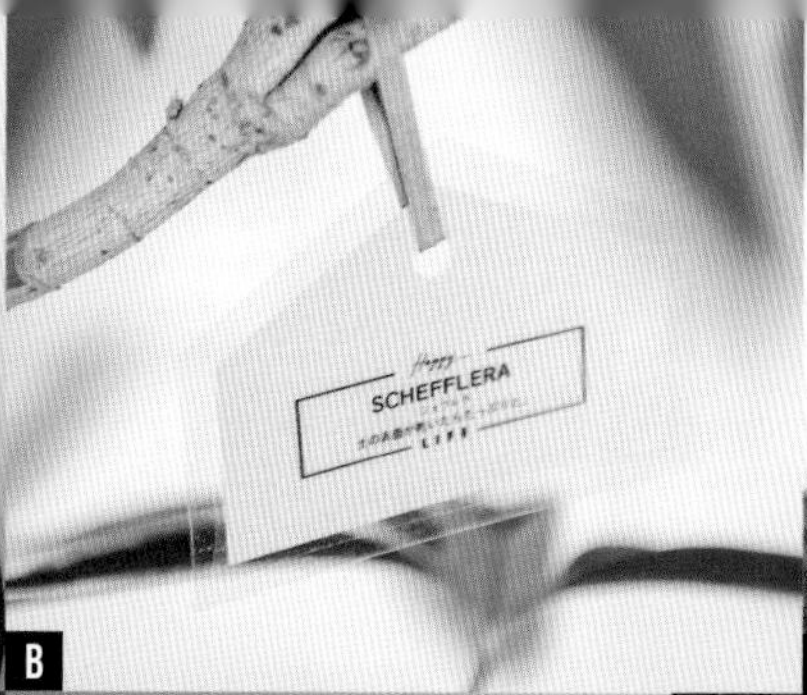

B

A

H

F

E

J

I

G

yoko's comment

ただのラベルじゃない 思い出を持ち運べる!

お母さんにとって、このラベルプリンターはとってもうれしい商品! だって、一花たちが描いてくれた絵をラベルにしてノートに貼れば、持ち歩いて外出時でも見ることができるから。今までも、一花たちが描いてくれた絵を持ち歩いていたけれど、やっぱりかさばってしまったんだよね。ラベルにすればコンパクトになるし、もちろん収納にも役立つから最高だよ。

A B 観葉植物には、植物の名前と水やりのタイミングをメモしたラベルを。 C D 家族がよく使うチャック付きポリ袋は、サイズ別に分けて仕切り板にラベリング。 E F 娘のクローゼットのラベルは、娘が自分で洋服のイラストを描いて作成したもの。 G 子どもたちが描いたイラストをシールにしてノートに。誰が描いたのかわかるように名前のイニシャルも。 H I J キッチン用品等のストック類は、ケースの中身を明記したラベルを貼っています。

※解説はお母さん担当

商品名

チャック付ポリ袋（厚手）

販売 Seria	色 クリア	サイズ 色々
素材 ポリエチレン	値段 税込 110 円	

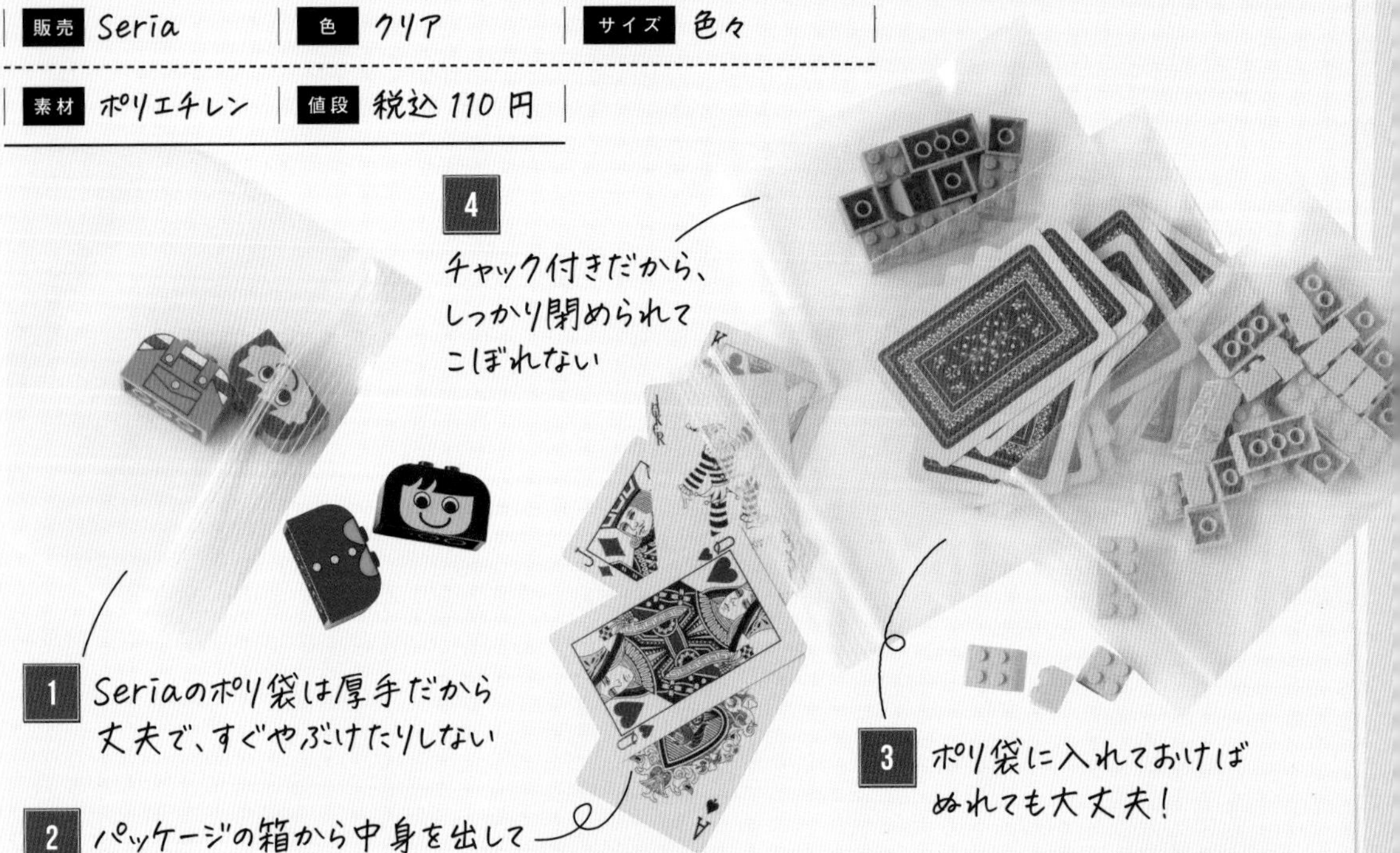

4 チャック付きだから、しっかり閉められてこぼれない

1 Seriaのポリ袋は厚手だから丈夫で、すぐやぶけたりしない

2 パッケージの箱から中身を出してポリ袋に入れ替えればコンパクトに収納できる

3 ポリ袋に入れておけばぬれても大丈夫！

point

how to & caution

硬質カードケースを使ったポリ袋収納。ポリ袋より大きめのケースを選んで、半分だけ入れておくと取り出す時にラク

いろんなサイズの袋を収納する時は、仕切りスタンドにサイズごとに分類

単位：cm

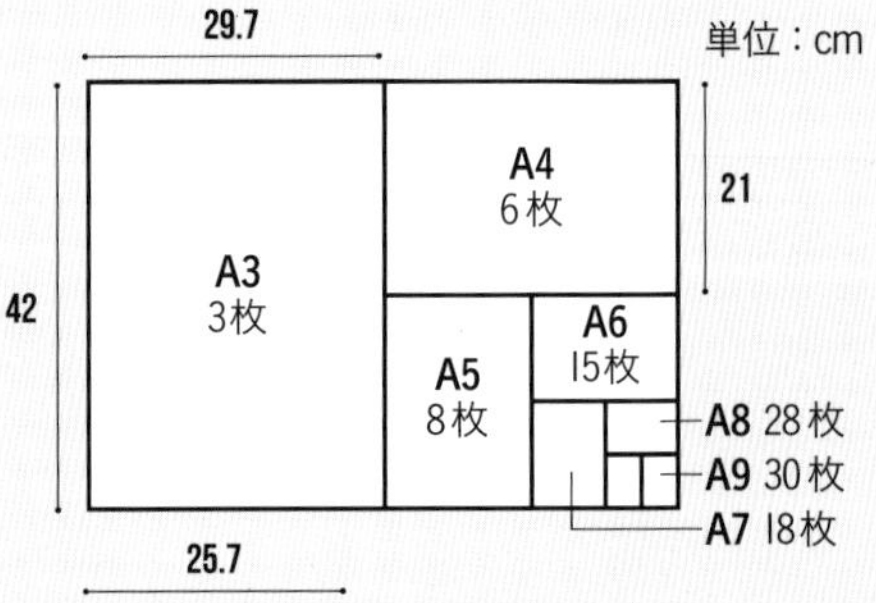

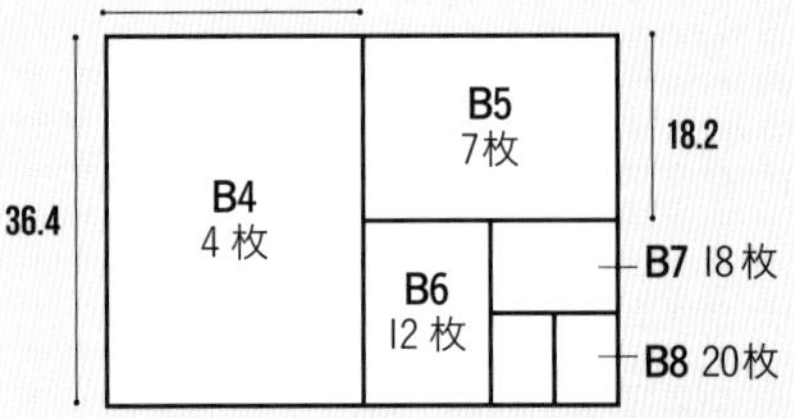

とにかくサイズが豊富（全部で12種類）だから、収納したい物の大きさに合わせて選べる！サイズによってワンセットの枚数が違うよ。

※右下の図は用紙サイズのため、商品サイズとは異なります。
実際の商品は、図の用紙サイズの物が入る大きさになっています。

arrange 01

カードリング

ポリ袋ごと リングにまとめる

ふだんはB8やA7など小さいポリ袋に、手芸用の糸やビーズ、レゴのパーツなどのおもちゃを入れてるよ。ポリ袋のサイドに穴あけパンチで穴を開けて、カードリングでまとめておくと、細々した物を持って遊びに出掛ける時に便利！

arrange 02

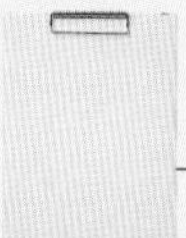

収納付きクリップボード
A4サイズ用　(無印良品)

チャック付ポリ袋

中身（内側）

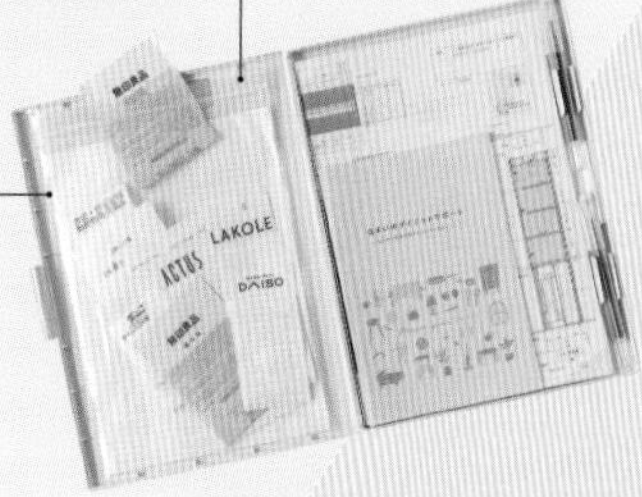

ポリ袋を貼って ポケットにする

これは、お母さんのアイデア。無印良品のクリップボードの内側の片面に、ポリ袋を両面テープでくっ付けてレシート等を入れてる。厚みが出ないように大きなサイズのポリ袋を選んでいるのもポイント！ 透明で中身が見えるから、忘れ防止にもなってるよ。

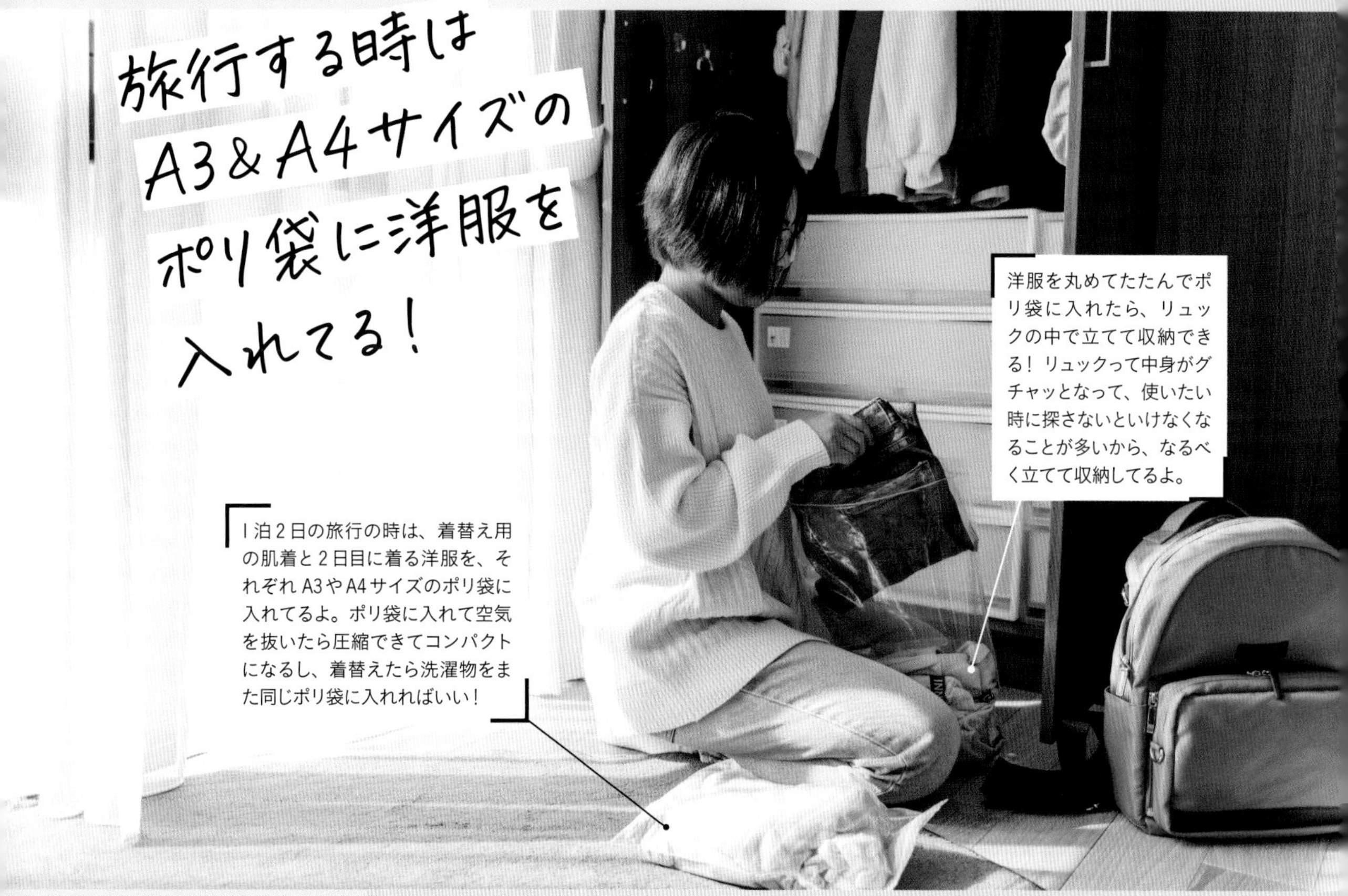

旅行する時は A3＆A4サイズの ポリ袋に洋服を 入れてる！

洋服を丸めてたたんでポリ袋に入れたら、リュックの中で立てて収納できる！ リュックって中身がグチャッとなって、使いたい時に探さないといけなくなることが多いから、なるべく立てて収納してるよ。

1泊2日の旅行の時は、着替え用の肌着と2日目に着る洋服を、それぞれA3やA4サイズのポリ袋に入れてるよ。ポリ袋に入れて空気を抜いたら圧縮できてコンパクトになるし、着替えたら洗濯物をまた同じポリ袋に入れればいい！

yoko's comment

使う時のことを考えれば ストレスゼロだね！

このポリ袋は、あらゆる収納で使っているよね。ポリ袋ってどこでも手に入るから色々な物を使ってきたけれど、やっぱり厚手でペラペラせず、丈夫なセリアのこのポリ袋のシリーズが一番。サイズが豊富で、わが家で収納したいと思う物にピッタリの大きさが全部そろっているからね！

一花がランドセルに学用品を入れる方法や順番にこだわっているのは知ってたけど、リュックに入れる時もよく考えているんだね。「入れる時にラクする」んじゃなくて、「使う時にラクできる」っていう考え方はとてもいいと思う。その考え方で準備をしたらストレスなく必要な物が取り出せるし、探し物をしないぶん違うことに時間を使えるからね。大人になった時も役に立つ考え方だと思うよ！

商品名

マイコレ ディスプレイケース 仕切り付

販売	Seria	色	クリア	サイズ	幅13.8×奥行6.1×高さ19.9cm
素材	スチロール樹脂	値段	税込110円		

point

2 缶バッジだけじゃなくて、キーホルダーも収納できる

1 缶バッジをどこかに付けるんじゃなくて、飾れるというところがすごくいい

3 ビーズや造花、マスキングテープでデコレーションできる

中に入れられる缶バッジやキーホルダーは直径6.5cm以内で、厚み1cm以内のもの。

how to

1 フタを下から開いて缶バッジを入れる

2 缶バッジカバーに入れたままでも、厚み1cm以内ならケースに入る

缶バッジカバー 50mm用10P

caution

⚠ 缶バッジがずれることがあるから、両面テープで貼ったほうがいい

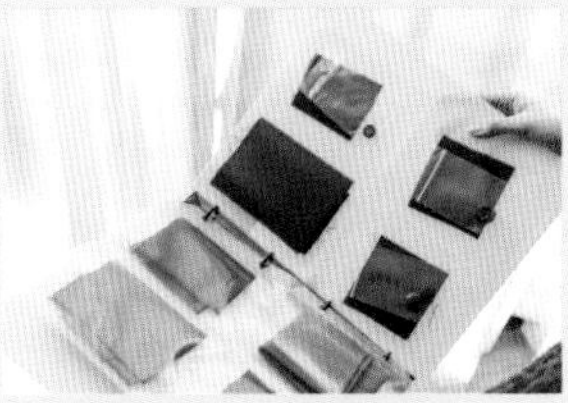

マイコレ 4リングバインダー
マイコレ ポストカード収納リフィル2P

カードをきれいに保管するための収納リフィルは、しっかりして丈夫な厚手タイプ。お母さんは、洋服を買った時に付いてくる予備のボタンと布を入れているよ。

マイコレ
キーホルダーディスプレイケース

ケースの内側にミゾや引っ掛ける部分が5つあって、ストラップやキーホルダーを飾れる。写真は一花がお母さんにプレゼントしたブレスレットをデコレーションして飾ったもの。

マイコレ
アクリルキーホルダースタンド

厚さ1.8～3mmの物を、台座の中央にあるミゾに差し込んで飾るスタンド。透明のトレーと台座3つがセットになっていて、トレーと台座の間に紙を挟んでアレンジができる！

Seriaのマイコレシリーズは飾る収納に使える！

ディスプレイケースは意外に場所を取るから、置くところの広さを考えてから購入したほうがいい。他にも色々なマイコレシリーズがあるから、グッズをコレクションするのに助かる！

yoko's comment
推しの応援グッズ用の収納用品があるなんて驚き！

一花から「お母さん、セリアのディスプレイケースがほしい！」と言われるまで、こんなアイテムがあるなんてまったく知らなかったよ。

買いに行った時、お店で見つからなくて苦労したのを思い出すなあ。お母さんは収納用品のコーナーにあると思い込んでいたから、そこばかり探し回っていたんだよね。どうしても見つからなくて店員さんに聞いたら、その店舗では推しのグッズを収納するための「収集用品コーナー」に置いてあって、案内された時はびっくりした！

職業柄、お母さんは色々な収納用品を知ってなきゃいけないから、今ではそのコーナーも見て回るようにしてる。一花が愛用している収納用品を「お母さんだったら、どんなふうに使うかな」って考えるのも楽しいよ。

商品名

スチール仕切板

販売	無印良品	色	ホワイトグレー	サイズ	大・中・小の3種類
素材	スチール	値段	大：税込 290 円　中：税込 250 円　小：税込 190 円		

point & how to

1 無印良品の仕切板は丈夫！

2 見た目がシンプルで部屋になじむ。大中小の3種類がある

3 マグネット製のアイテムをくっ付けることができる

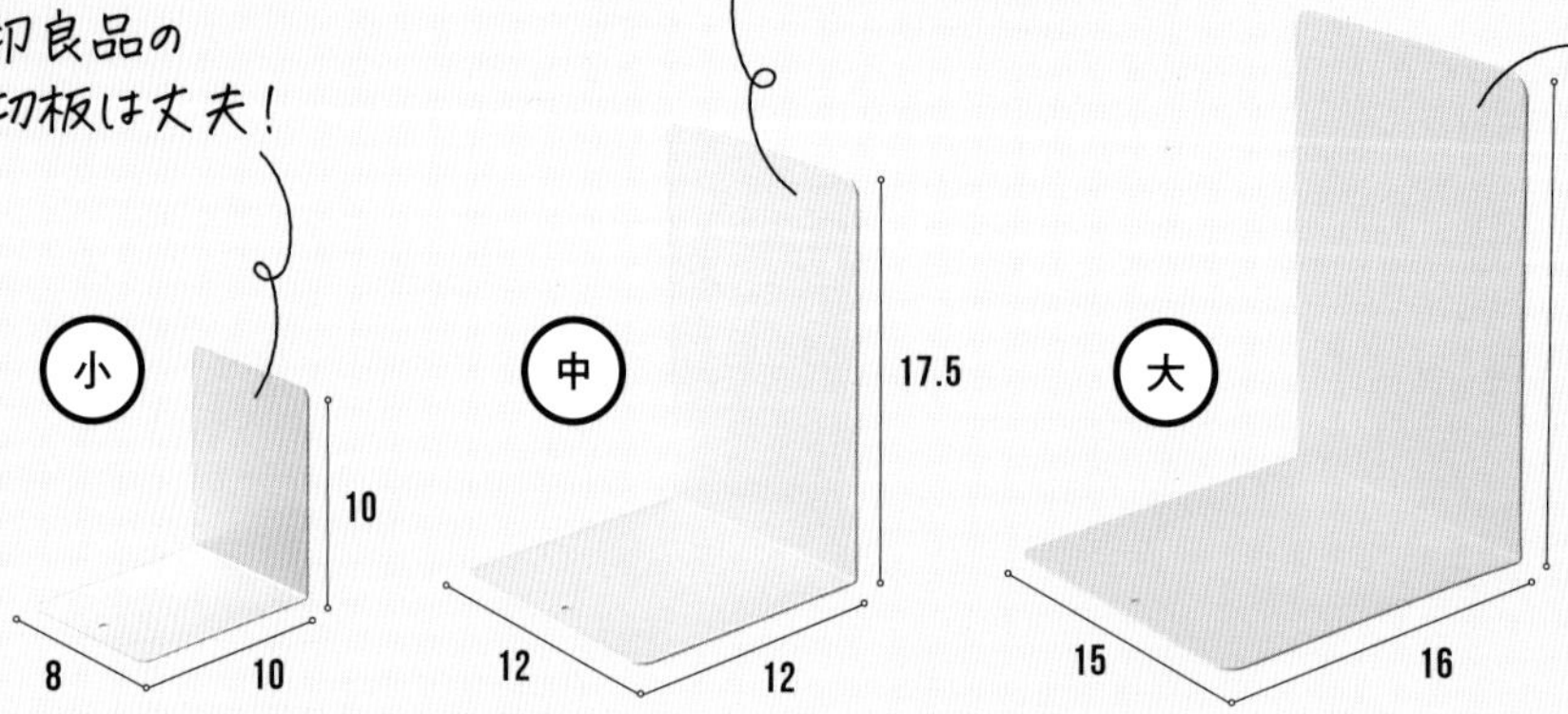

4 逆さにしたりななめにしたり、色々な角度にして収納に使える

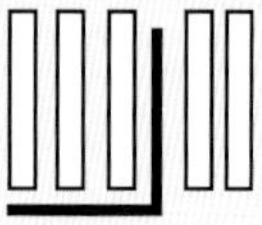

物を押さえる

ブックエンドとして、本が倒れないように押さえて安定させるのが一番多い使い方。

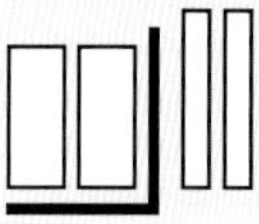

物を分類する

引き出しや棚の中などに置き、物を手前と奥、左と右に分けて収納する。

物をななめに立てる

仕切板を逆さにして引き出しや棚の中に置き、物をななめに立てて見やすくする。

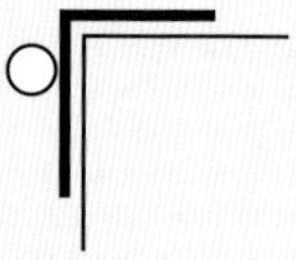

物を引っ掛ける

仕切板を逆さにしてデスクや棚に引っ掛け、マグネットの小物やフックを付ける。

マグネットバー

ポリプロピレン
ファイルボックス用
ペンポケット

アルミフック
マグネットタイプ

無印良品にはマグネットの収納用品もたくさんあるから、組み合わせて使える。仕切板もマグネットの収納用品も白くてシンプルだから合わせやすい！

caution

⚠ 引っ掛けて使う時は、両面シールで固定したほうが安心して使える

⚠ スチールで少し重たいから、落とすと床に傷が付く。足に落とすと痛い！

梶ヶ谷家では、色々な角度にして使っている！

※解説はお母さん担当

物を分類する ▶▶▶

靴下＆タイツ

黒い靴下と黒いタイツは、引き出し内で混ざってしまうと探すのが面倒なので、仕切板で前後に分類しています。

調味料

よく使う物を手前に置いて収納。奥の物を取り出す時は、仕切板を寄せて手前の物を動かせば取りやすくなります。

物をななめに立てる ▶▶▶

遊び道具

同じ大きさのケースをいくつか収納する場合、そのまま重ねて入れるのではなく、ななめ置きしたら取り出しやすい！

レトルト食品

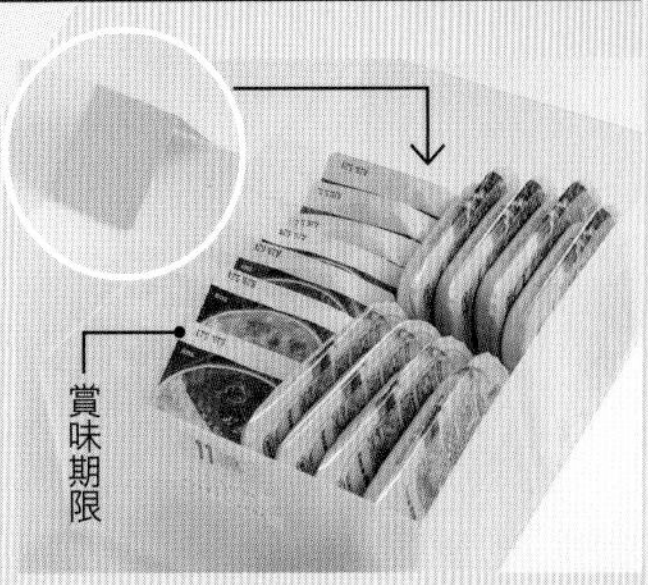

仕切板を逆さにしてケースに入れ、レトルト食品をななめにして並べています。パックは賞味期限が見えるように収納。

物を引っ掛ける ▶▶▶

掃除道具

デスクに仕切板を掛けて、両面シールで固定。マグネットタイプのフックを付けて掃除道具を引っ掛ければ、場所を取りません。

コンセント

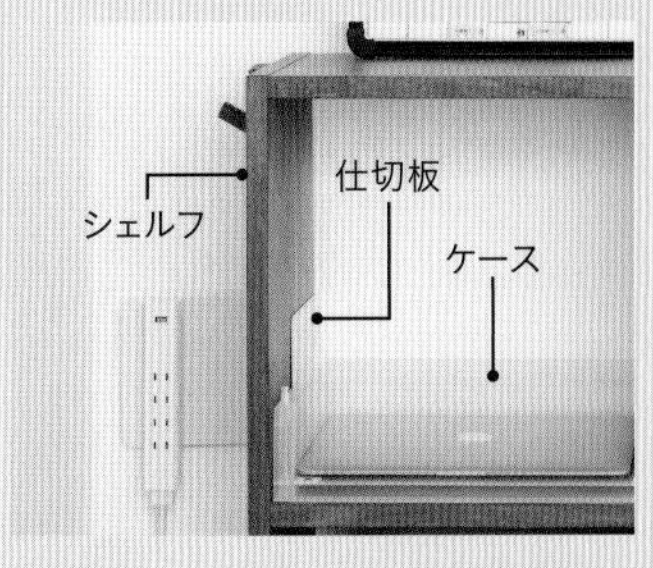

シェルフとケースの間に仕切板を挟んで固定。マグネットタイプのコンセントを付ければ、パソコンを充電できます。

yoko's comment

▶▶▶ バリエーション豊富！創造力を育てるアイテム

スチール仕切板は、お母さんが一花に「収納用品って自分の工夫次第で色々な使い方ができるんだよ！」ということを伝えるのに一番、役立った気がする。本当にたくさんの使い方を、このアイテムでやって見せたよね。そのたびに「こんな使い方ができるんだ！　収納を考えるのって、おもしろいね」と言っていた一花の姿が印象的だった。「自分で考えて、自分でやってみる」っていうことは大切だけど、その練習ってなかなかできないよね。でも、整理収納を楽しむことは、それが自然と練習につながるんだよね。だから、お母さんは一花に「整理収納を楽しんでもらいたい！」っていつも思っているんだ。これから一花がどんな収納を一花なりに作り上げるのか、とても楽しみだよ！

商品名

ポリスチレン仕切板

販売	無印良品	色	半透明	サイズ	大・中・小の３種類	素材	ポリスチレン

値段　大：税込 790 円　中：税込 490 円　小：税込 350 円　※大は４枚入り、中・小は５枚入り

point

1 見た目は地味だけど、使い勝手が最高にいい！

3 自分で幅を決められるから、いろんな収納用品と組み合わせて使える

2 やわらかくて折りやすい！

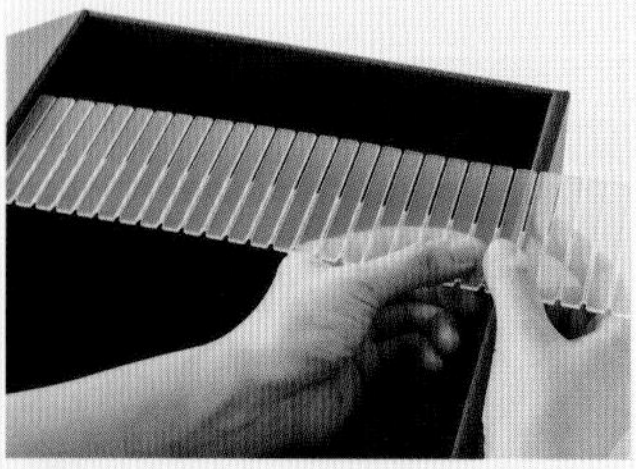

1

3

how to

1 使う場所の内側に仕切板を合わせて長さをチェックする（わざわざ寸法を測らなくてもいい！）

2 仕切板を、適当な長さでパキッと手で折る

3 縦と横を組み合わせる

caution

⚠ 長さを間違えて折ってもテープでくっつけることができるけど、折ったら元には戻らないからムダ使いしないように！

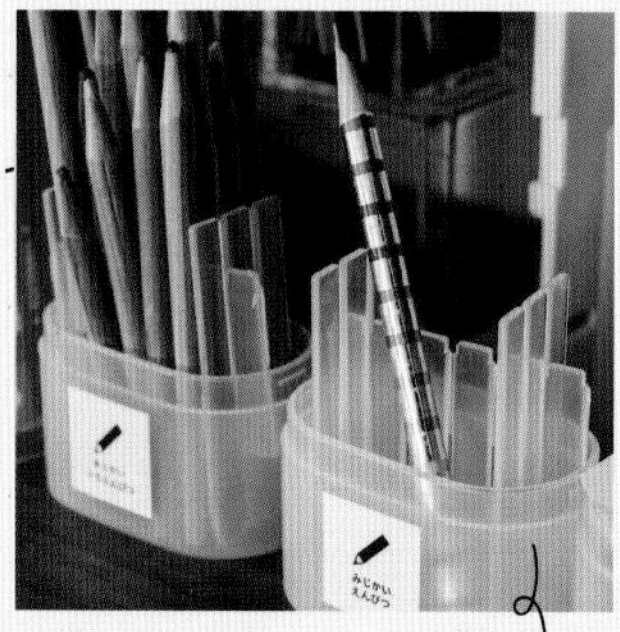

小サイズ＆中サイズの組み合わせ

梶ヶ谷家では、3つの高さを使い分けている！

※解説はお母さん担当

小

高さ4cm

文房具

浅い引き出しの高さにぴったりなのが小サイズ。ダイニングのシェルフ、家族共有の文房具を入れている引き出しに使っています。ワンアイテムごとに仕切板で分けて、物の定位置をわかりやすく。

カード

仕切板をケース内に合わせて設置し、仕切板の切り込み部分にカードを挟んで立てて収納。重ねないのでカードの種類がパッと見てわかり、1枚1枚確認して探さなくていいからラク。

ポリプロピレン
デスク内整理トレー２

中

高さ7cm

ペン

娘が考案した収納法。無印良品のメイクボックスの中に仕切板を設置し、ペンを色別に分けています。ペンの出し入れのしやすさを考えると、仕切板は中サイズがちょうどいいとのこと。

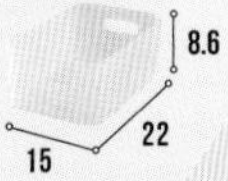

ポリプロピレン
メイクボックス・1/2

靴ひも

予備の靴ひもをまとめてケースに収納。ある程度、高さのある仕切板で区切っているので、ひもが絡まったりゴチャついたりしません。こういう細々した物を分けて収納するのに向いています。

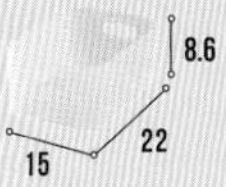

ポリプロピレン
メイクボックス・1/2

大

高さ11cm

靴

靴棚の段を増やすため、以前は突っ張り棒を使っていたのですが、棒に押されて棚が広がってしまい…。そこで余っていた仕切板をテープでつなげて設置し、上に板を重ねられるようにしました。大サイズは子どもの靴の高さと同じくらいです。

ケアアイテム

日焼け止めや虫除けなど外で使う物を仕切板で分類し、ケース内でゴチャつかないように。仕切板はケースの取っ手のジャマにならず、収納するアイテムの高さに合わせたサイズです。

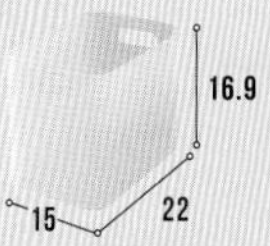

ポリプロピレン
メイクボックス

yoko's comment

自分で収納を作る練習にもってこいのアイテム！

この商品は以前までサイズが1種類だけで、高さのある引き出しにしか合わなかったから「ちょっと使いづらいな」と思うことがあったんだよね。でも、気付いたら高さ違いの3サイズ展開になっていて、すごくうれしかった！　しかも、やわらかい素材に変わって子どもでもかんたんに折れるようになったからね。

ペンを入れるためメイクボックスと組み合わせる時、一花は「一番低いサイズの仕切板だと中に入れるペンがゴチャつきそうだし、一番高いサイズだと出し入れしづらくなる」と言って、真ん中のサイズを選んでいたよね。「どれでもいい」ではなく、きちんと考えて組み合わせる収納用品と相性のいいサイズを選んだのは、見ていてすごいな～と思ったよ。

※商品はすべて無印良品

商品名

自立収納できるキャリーケース

販売	無印良品	色	ホワイトグレー	サイズ	A4用	素材	ポリプロピレン
値段	税込 890 円						

point

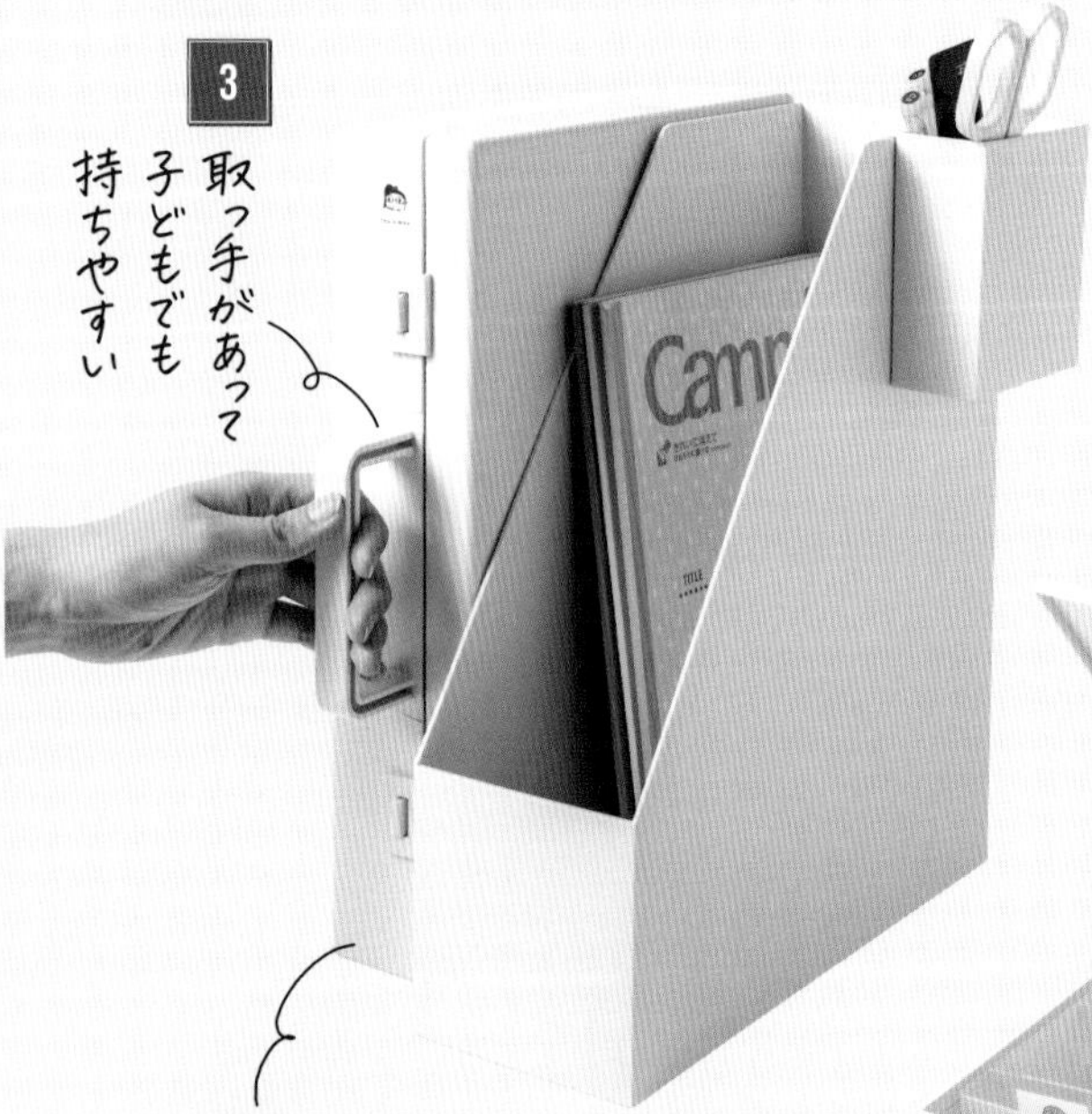

3 取っ手があって子どもでも持ちやすい

4 形がすっきりしているから、家の棚に収納しやすい

1 A4ノートがスッポリ入る!

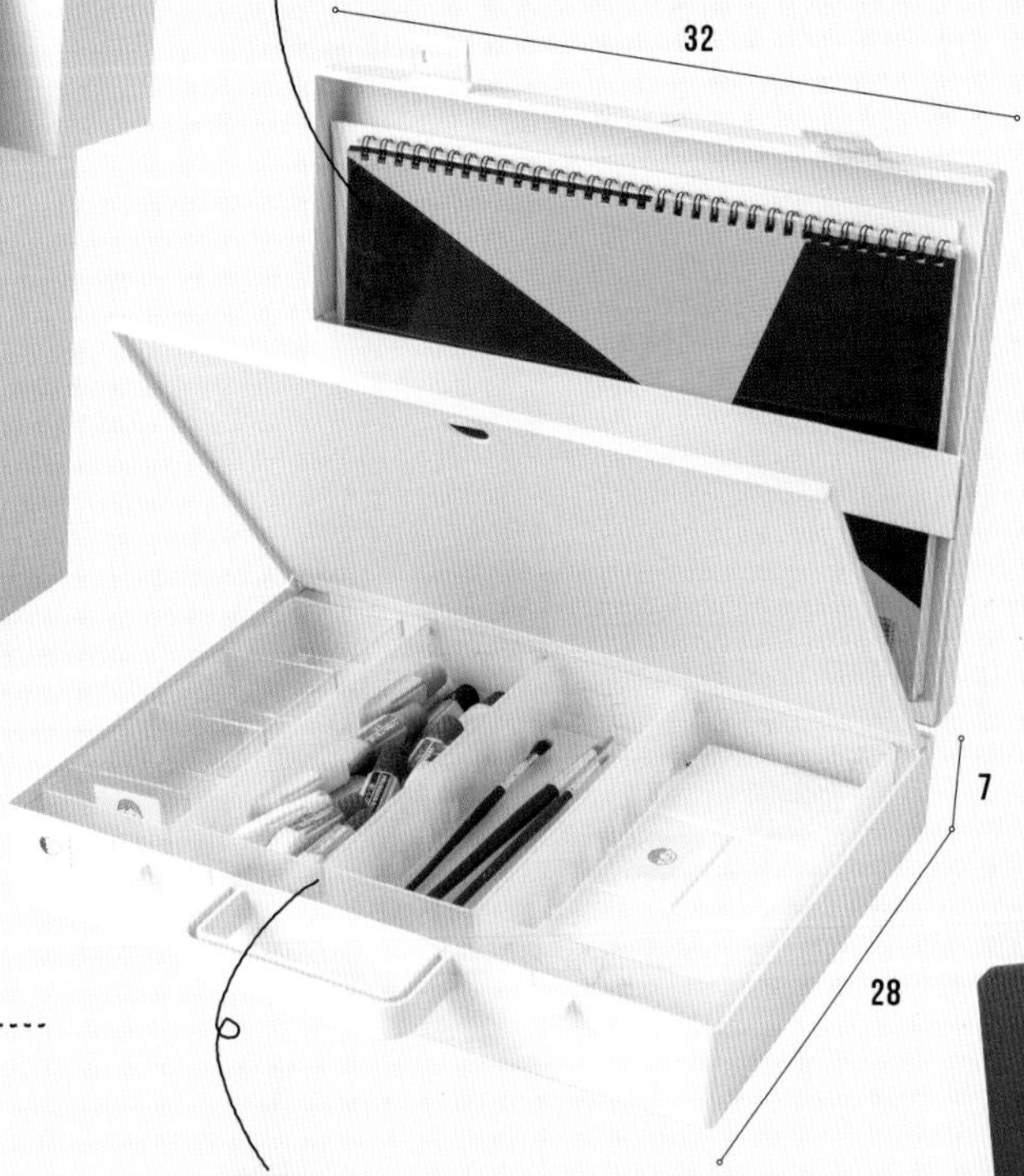

2 ノートやペンをセットにして持ち運べる

how to

1 細々した物を入れる時は、無印良品の「デスク内整理トレー」を組み合わせるとゴチャゴチャしない

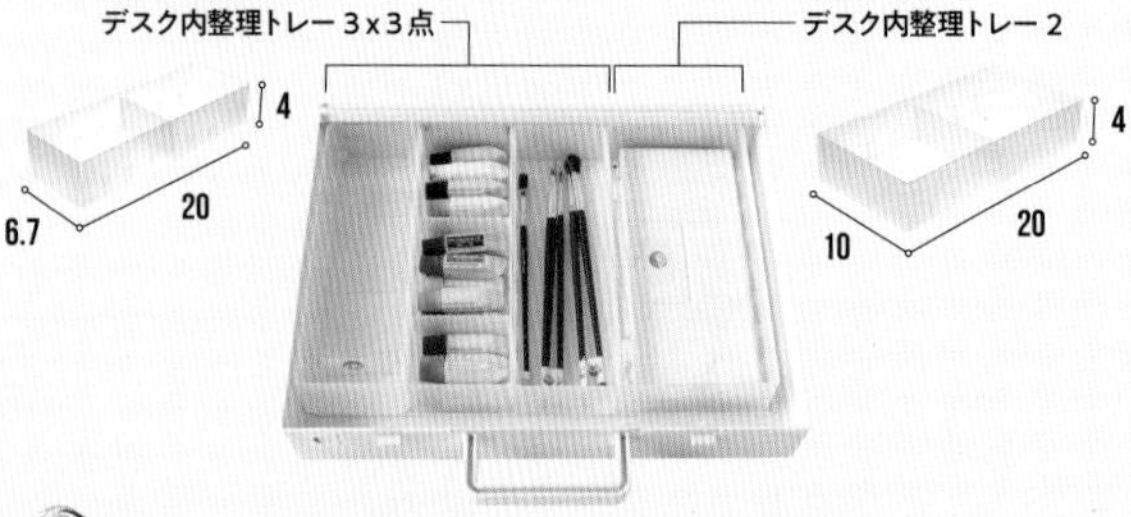

※デスク内整理トレーは、サイズ違いの4種類あり

caution

⚠ フタをしっかり閉めないと、持った時に中身がこぼれてタイヘンなことになる

⚠ パンパンに詰めて無理やり閉めようとするとフタが壊れちゃう

arrange 01 お手製の色見本帳

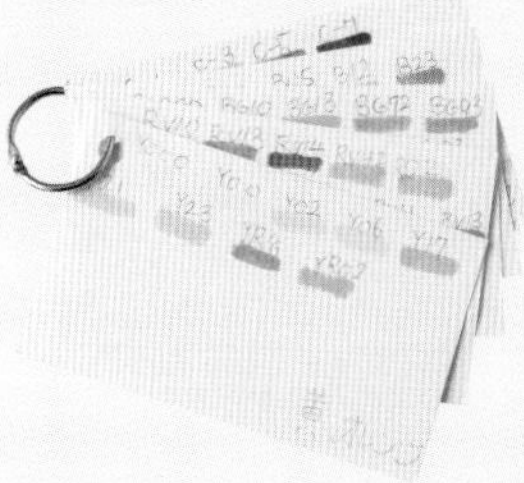

ペンのキャップの色と、実際に出る色が違うことが多いから、色見本帳を作ってキャリーケースに入れておけば毎回、描いて確認する必要がない。

arrange 02 ペンの収納量アップ

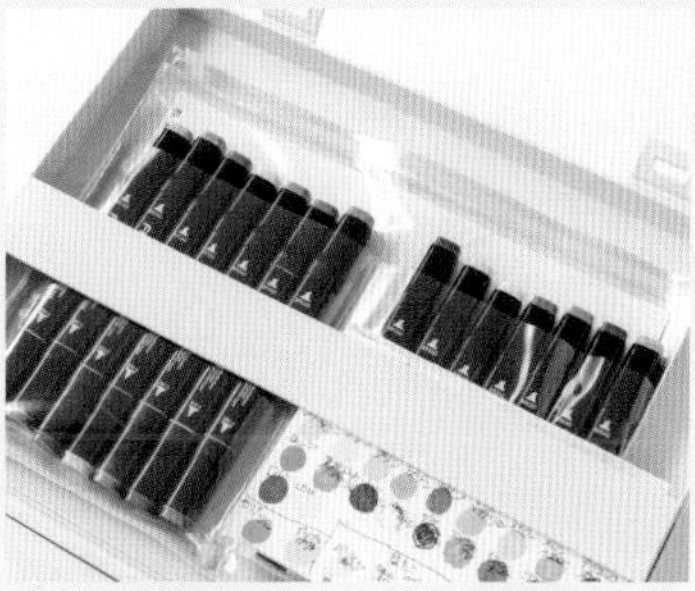

フタ側のほうには、ポケット付きのクリアケース（B5サイズ）を入れてる。ケースにノート、ポケットにペンを並べて入れられるし、これだけで持ち運びできる。ペンの色が一目でわかるように透明の物を選んだよ。

持ち運び用のお絵描きセットを収納している！

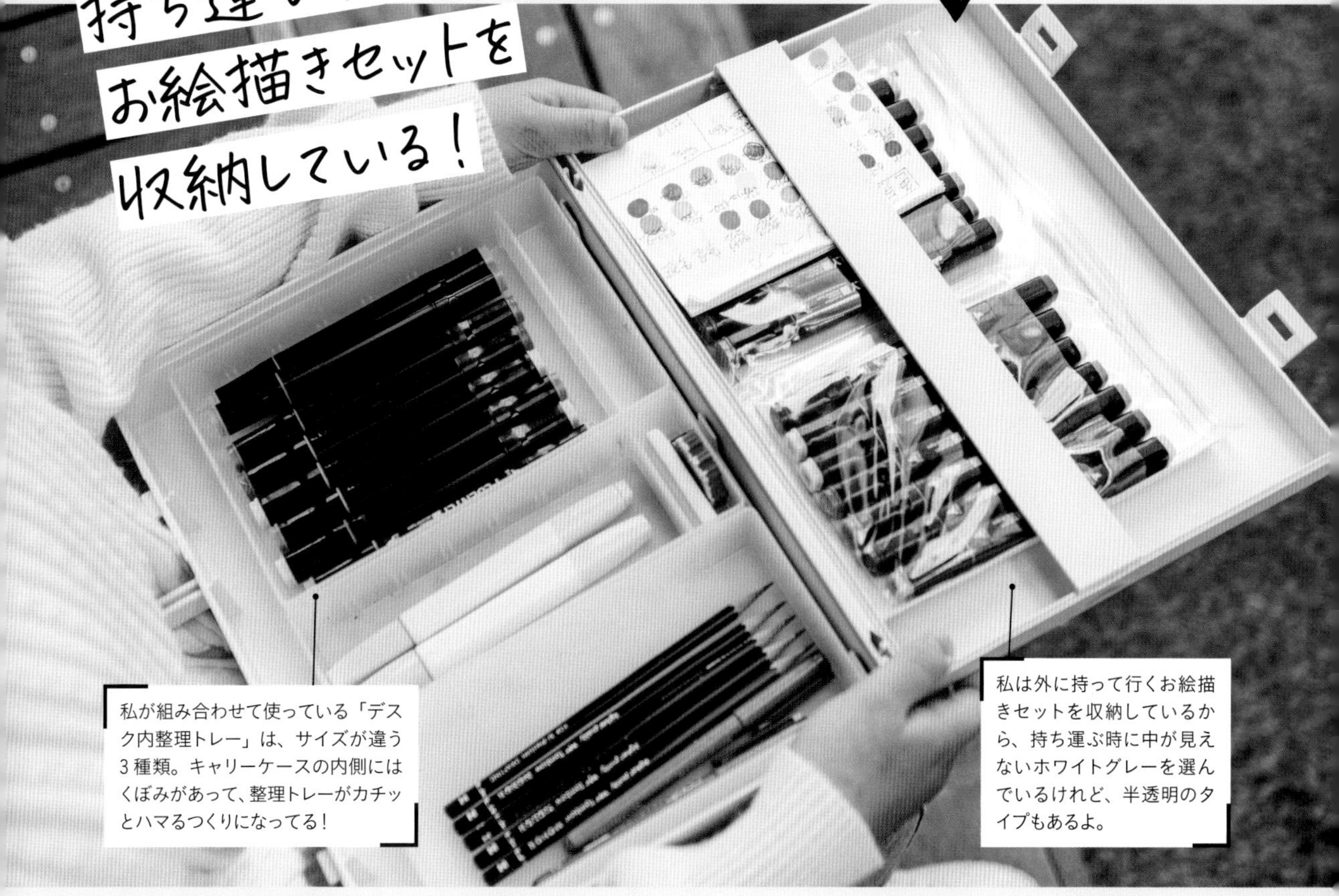

私が組み合わせて使っている「デスク内整理トレー」は、サイズが違う3種類。キャリーケースの内側にはくぼみがあって、整理トレーがカチッとハマるつくりになってる！

私は外に持って行くお絵描きセットを収納しているから、持ち運ぶ時に中が見えないホワイトグレーを選んでいるけれど、半透明のタイプもあるよ。

yoko's comment

出し入れだけじゃなく選びやすさも大事だね！

お母さんがこのケースを買ってあげたのは、「ばあばの家に遊びに行く時に、お絵描きセットを持っていきたい！」と一花に言われたのがきっかけだったね。一花がケースにペンやノートをうれしそうに収納していたことを覚えてるよ。

お母さんが驚いたのは、ケースに収納したペンで「色見本帳」を作って一緒に収納していたこと！「ペンを選ぶ時に、どんな色かすぐわかるほうがいいから」という理由を聞いて、「お見事！」と思ったよ。「使う時のことを考えて収納する」。それは出し入れのしやすさだけじゃなくて、その物を使う時の「使いやすさ・選びやすさ」にも言えることだからね。一花の収納技を見ていると、お母さんも「こうしよう」と思うことがたくさんあって勉強になっています！

商品名

ポリプロピレンごみ箱・角型

販売 無印良品	色 ホワイトグレー	サイズ ミニ（約 0.9L）
素材 ポリプロピレン	値段 税込 390 円	

point

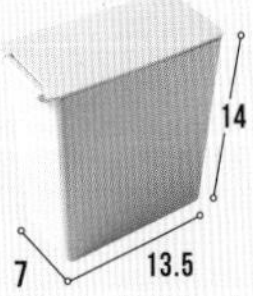

フタを閉めて使う▼

270 度開く！

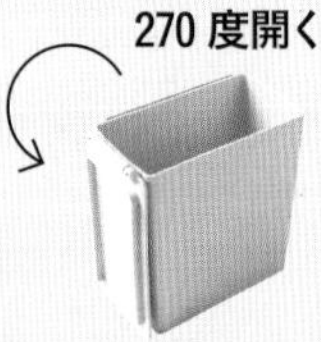

フタを開けて使う▼

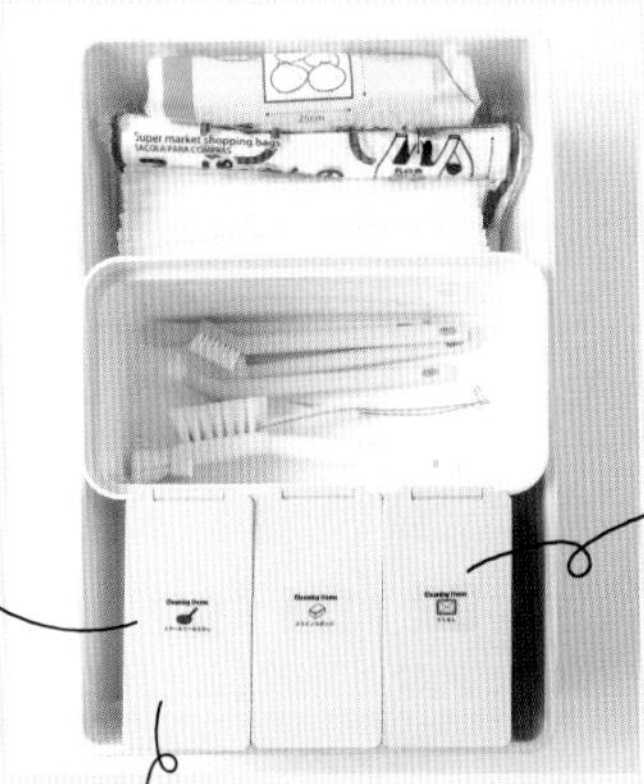

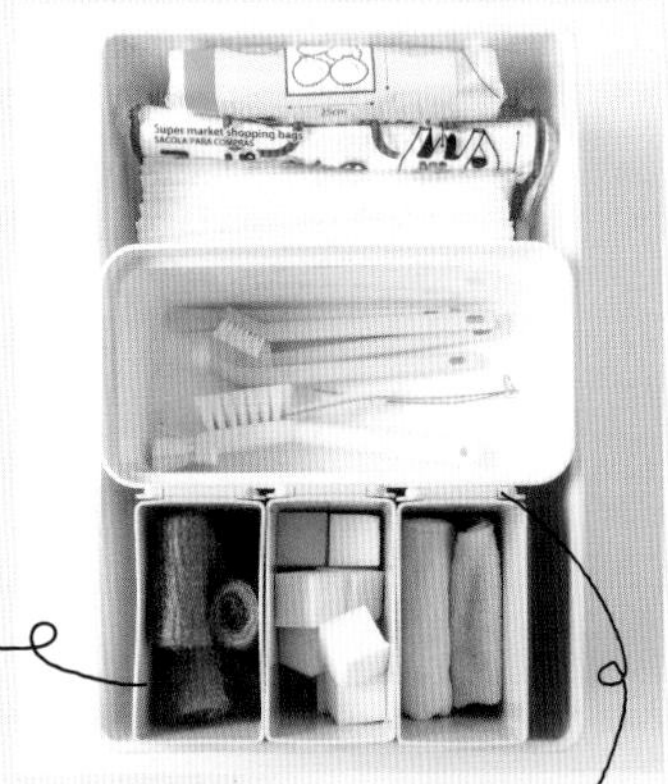

2 フタ付きだから ホコリを防げる

1 四角いから家のどこに 置いてもスッキリ見える

4 ごみ箱以外に、小さな収納用品として色々な使い方ができる

3 フタが270度開いて本体にピタッと重なるからジャマにならない

how to & caution

ミニ

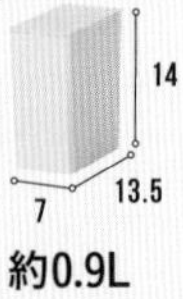

約0.9L

洗面台やデスクの上に置いてもジャマにならないサイズ。

小

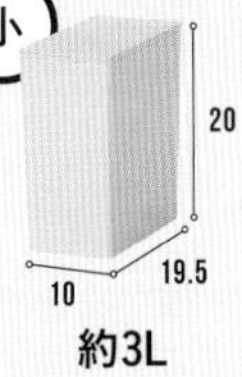

約3L

洗面所やトイレなどで出るゴミ入れにちょうどいい大きさ。

大

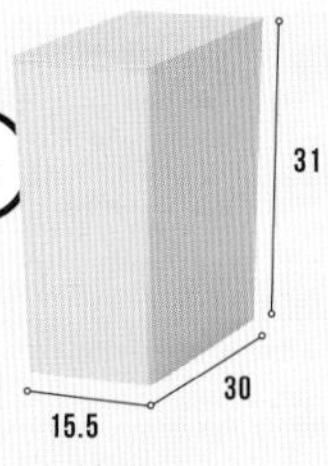

約11L

A4 用紙がそのままスッポリと入る、一番大きなサイズ。

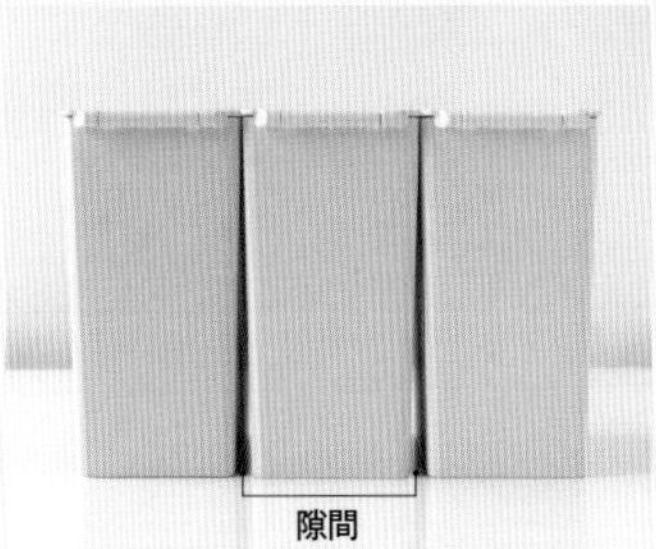

1 サイズ違いで3種類ある

2 ゴミがたくさん出る場所だと、ミニや小を選ぶとすぐにあふれちゃう

3 小物入れとして並べて使う場合、上から見るとピッタリだけど、正面から見ると隙間ができるから配置には注意！

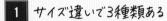

ごみ箱の隣には、マグネットタイプの目覚まし時計とフックを付けて、懐中電灯を引っ掛けてる。仕切板の上はデスク用のティッシュ。

item ポイッと入れられるポケット

マグネットシート

&

スチール仕切板・大

▶ P.058

裏面にマグネットシートを貼ったごみ箱を、無印良品の「スチール仕切板」に付けてデスクに引っ掛けているよ。注意点は、仕切板が落ちないように固定することと、中にたくさん入れ過ぎないこと。

▼▼▼

私はミニサイズを寝る時のメガネ入れに使っている！

仕切板はデスクの左奥に掛けて、両面シールを貼って固定。ごみ箱はフタを開けたまま仕切板にくっ付けてる。ベッドから手を伸ばして届くところにあるから、メガネをポイッと入れられてラク。

▶▶▶ yoko's comment

コンパクトよりラクを重視ノーアクション収納！

寝る時にメガネを入れるケースを選ぶ際、たくさん案を出し合ったよね。お母さん、もっとコンパクトなケースを提案したけど、一花は「イヤ」と即答。理由は「ポイッて、かんたんに入れられる大きいケースがいいから」だったね。

このケースにしたあと、「ホコリがかぶらないようにフタを閉めるといいよ」と提案したら、それも「イヤ」と即答。でも、「わざわざ開けたり閉めたりするのが面倒だから」という理由を聞いた時、一花は自分の性格に合った収納アイテムや収納方法をしっかりわかっているんだなあと感心したよ。お母さんは「自分の性格に合った収納を見つけることが大切」って気が付くまで時間がかかったから、自然とそれができているのはすごいね。

CHAPTER 04

わが家の部屋 Before & After《ビフォー＆アフター》 4

おうち時間で見直した、4つの部屋の間取り＆収納。

家で過ごす時間が長くなるなか、
子どもたちの物が増えたり家具の配置を入れ替えたりと、
わが家の間取りと収納も少しずつ変化しました。
特に、大きく収納を見直したのは
ダイニング、娘の部屋、和室、寝室の4つの場所。
実際、娘とどのように話し合って
収納を見直したのか、
Before & After の写真とともに
ポイントを解説します。

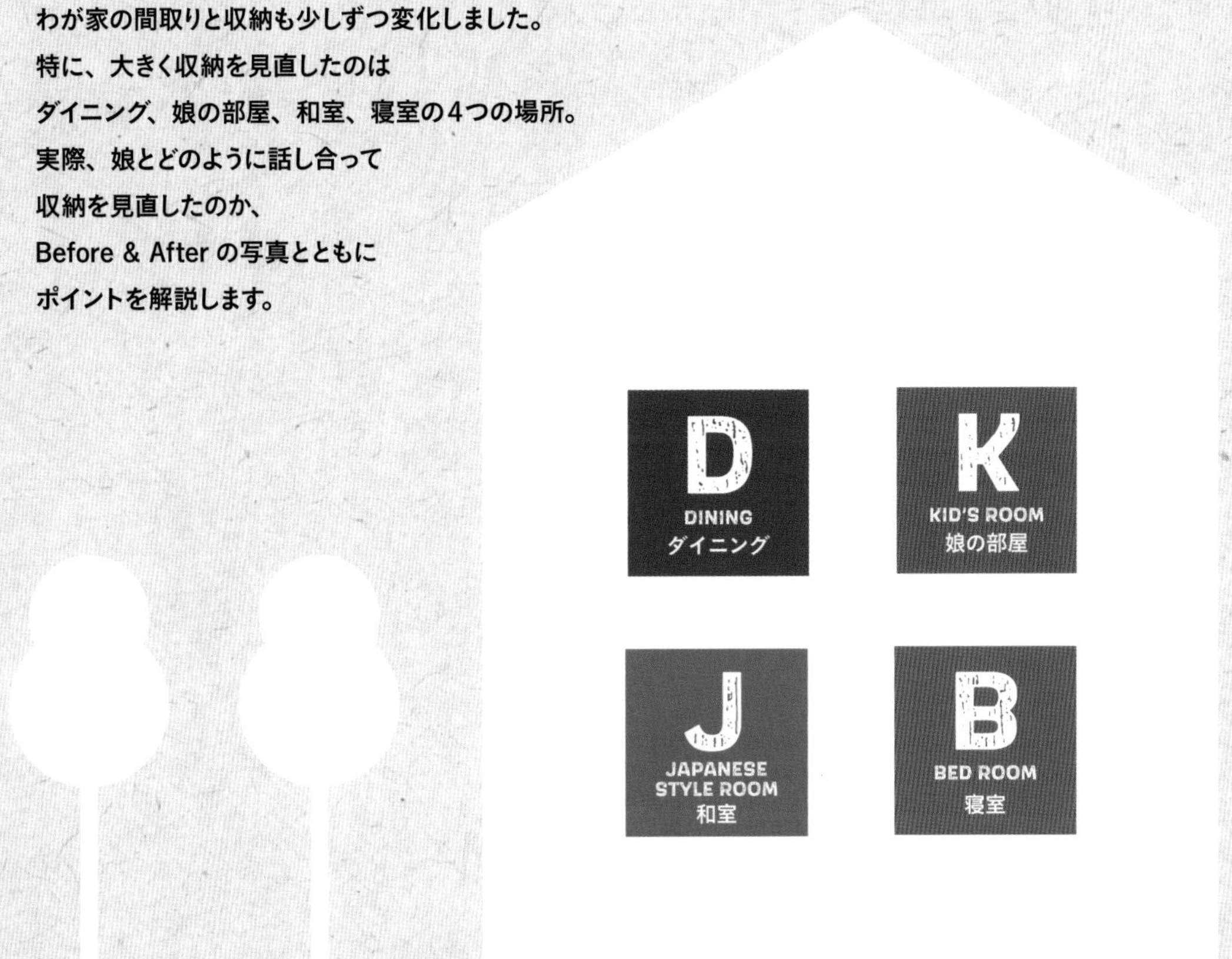

梶ヶ谷家の間取り & 部屋

FIRST FLOOR

1階

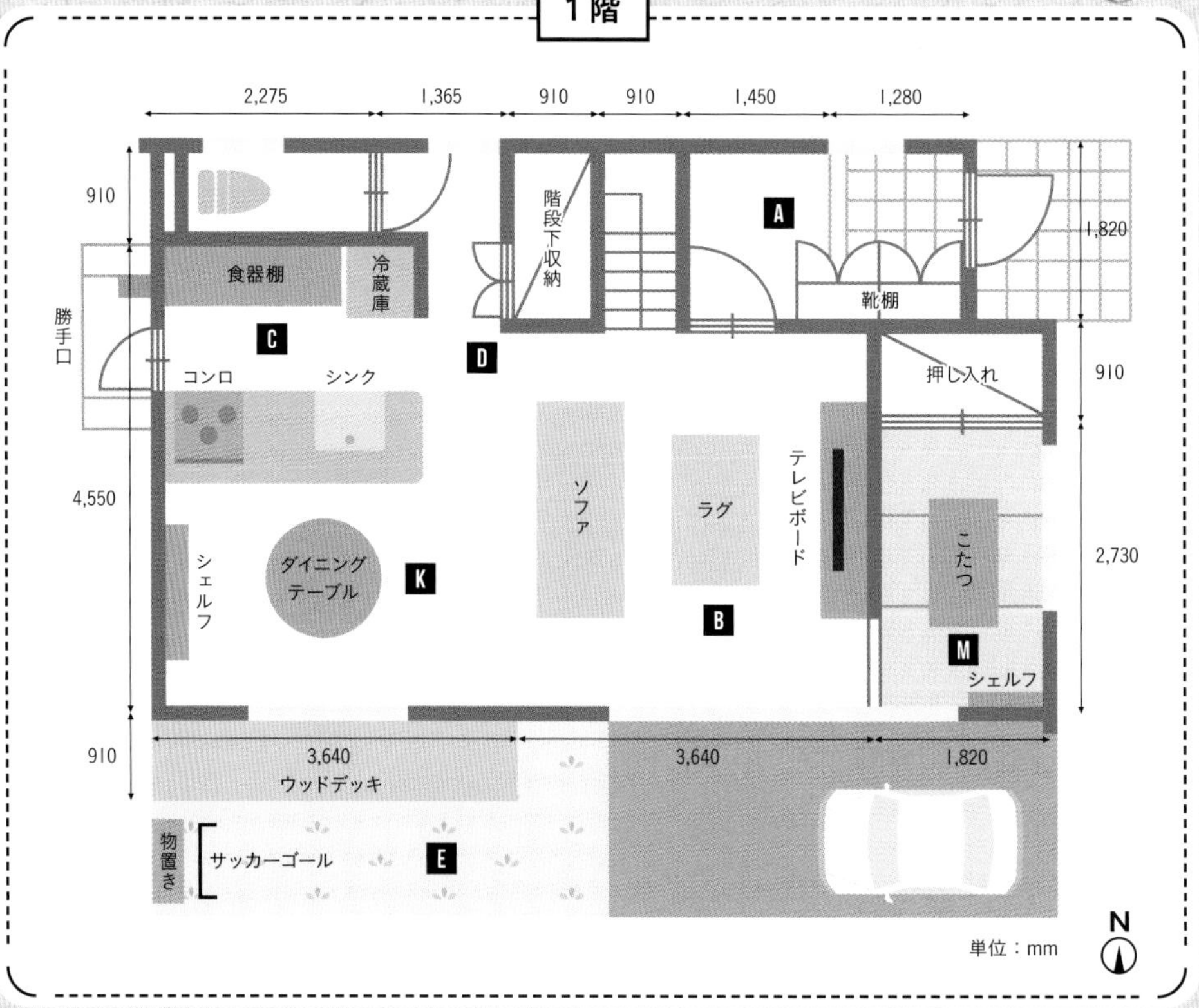

SECOND FLOOR

2階

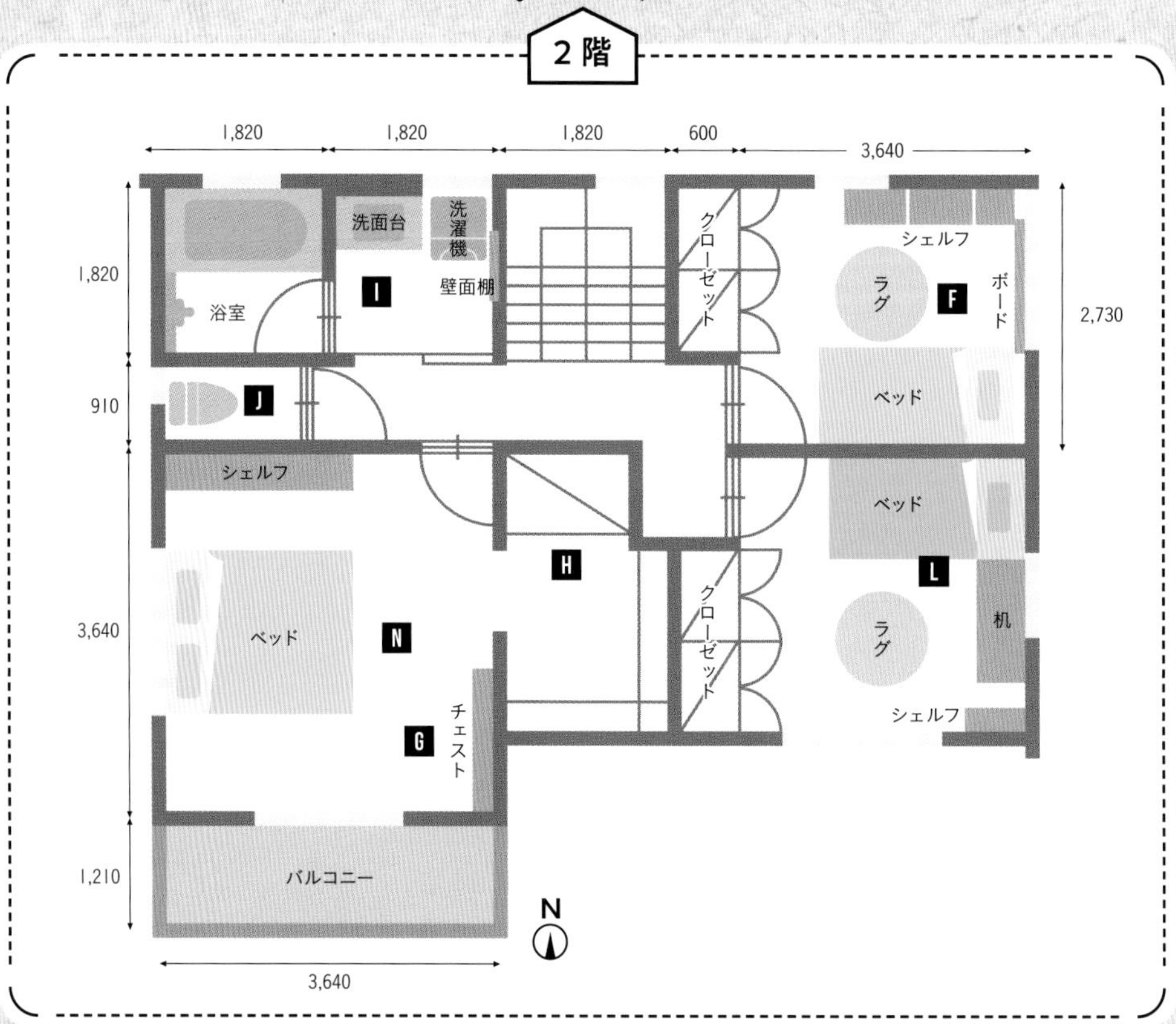

おうち時間で見直した収納場所

P.074

K ダイニング／Dining

コロナの影響で休校中、子どもたちの遊び道具が増えたためダイニングのシェルフを見直しました。

P.080

L 娘の部屋／Kid's room

娘のベッドは寝室に置いて一緒に寝ていましたが、小学6年生の春、娘の部屋にベッドを移動することに。

P.086

M 和室／Japanese style room

もともと何も置いていなかった3畳の和室。おうち時間をより快適にするため、念願のこたつを取り入れました。

P.090

N 寝室／Bedroom

子どものベッドを移動して部屋が広くなったため、新しくシェルフを導入。仕事道具や思い出の物を置いています。

B リビング／Living

A 玄関／Entrance

D 階段下／Living

C キッチン／Kitchen

F 息子の部屋／Kid's room

E 庭／Garden

H PCスペース・クローゼット／Bedroom

G メイクコーナー／Bedroom

A B 玄関もリビングも必要最低限の物だけ外に出し、スッキリした空間に。C 食器も調味料も食材も、1.5歩以内で出し入れできるキッチン。D 階段下には子どもたちの思い出の作品や、電池などのストック類を収納。E 庭は人工芝にしてメンテナンスしやすく、遊ぶスペースを広くしています。F 大好きな物をいっぱい飾った息子の部屋。G 寝室の一角にあるメイクコーナー。H 寝室内のPCスペースも収納を見直しました（94ページ参照）。I 鏡の裏は壁面収納になっています。J 掃除がタイヘンなのでトイレマットは敷いていません。

I 洗面所／Utility

J 2階トイレ／Toilet

BEFORE
1
娘が小学校低学年の時

BEFORE
2
娘が小学校中学年の時

D DINING ダイニング

家族みんなが長い時間、過ごしているダイニング。そのため、ダイニングのシェルフはわが家の収納のなかで一番、見直しが多い場所です。

AFTER

娘が小学校高学年の時

LAYOUT

AFTER

■ 家族共有の物　■ 息子の物
■ 娘の物　■ 子どもたちの物

BEFORE 2

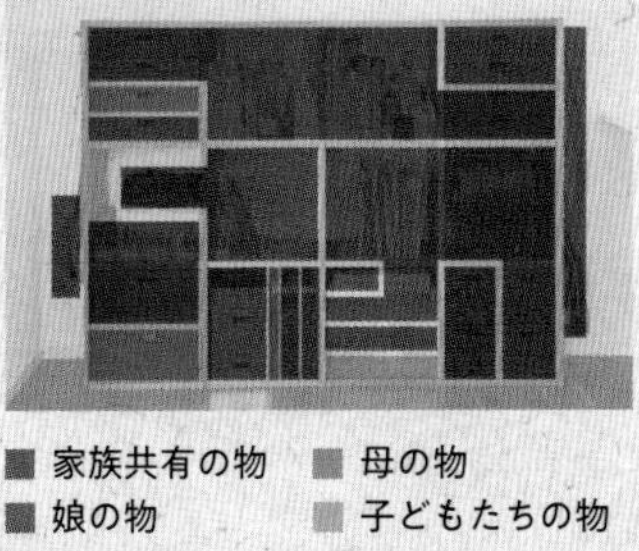

■ 家族共有の物　■ 母の物
■ 娘の物　■ 子どもたちの物
■ 息子の物

BEFORE 1

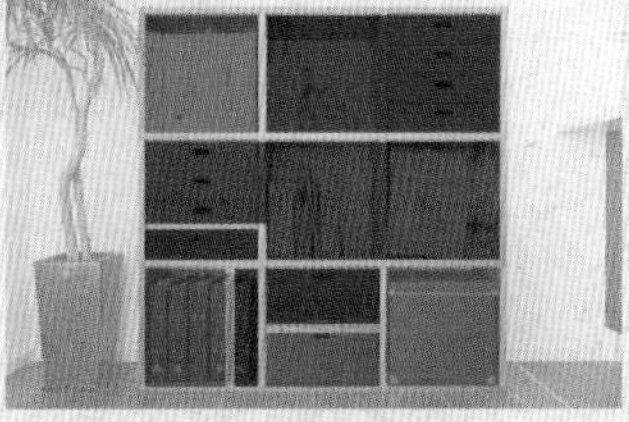

■ 家族共有の物　■ 母の物
■ 娘の物　■ 子どもたちの物

YOKO'S COMMENT

家族のライフスタイルに合わせて日々、進化中！

休校中、子どもたちが家の中で遊ぶ物が一気に増えました。そこで思い切って、この場所は子どもたちの物をメインにし、徹底的に出し入れしやすい収納に変更。シェルフの右側は「娘の物」、左側は「息子の物」を配置しています。

※夫婦それぞれのパソコンを収納

詳しい紹介は ▶ P.074

弟が幼稚園に通うようになってからは、バッグや文房具など「息子の物」が増えたぶん、「母の物」を別の場所に移動。さらにシェルフを1列増やし、4列にしました。ケンカにならないように、「娘の物」と「息子の物」のスペースはなるべく平等に。子どもたちの物の収納は「出し入れのアクション数が少ない」ことを意識しました。

当時は「家族共有の物」と「娘の物」、「母の物」を３分の１ずつの割合で収納していました。娘は（今も）ダイニングのテーブルで宿題をするため、ダイニングのシェルフに教科書や文房具、ランドセルも収納。娘の物は、娘の腰の高さになる２段目にまとめました。私もダイニングでよく仕事をしていたため、「母の物」も多めです。

BEFORE ｜ 娘が小学校低学年の時

FLOOR PLAN

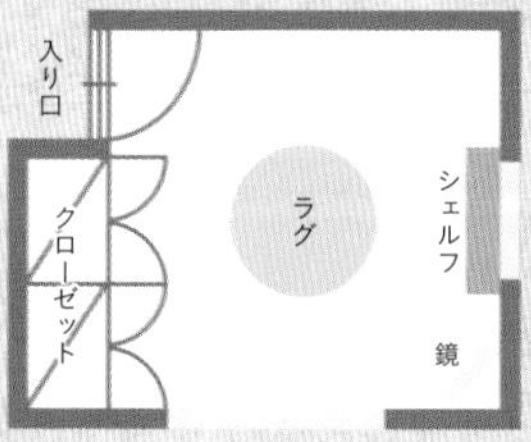

YOKO'S COMMENT

小学生になる タイミングで部屋作り！ 今後、増える家具も想定

昔から、洋服のコーディネートを考えるのが好きだった娘。小学校に上がった時、毎日、学校に着て行く洋服を選び、スムーズに身支度ができるようにと考えて全身鏡を導入し、家具を配置しました。家具や収納用品はすべて娘が自分で選んだものです。

K KID'S ROOM 娘の部屋

宿題や学校の準備をするのはダイニングなので、
子ども部屋は娘が身支度や趣味を楽しめる場所になっています。

AFTER | 娘が小学校高学年の時

FLOOR PLAN

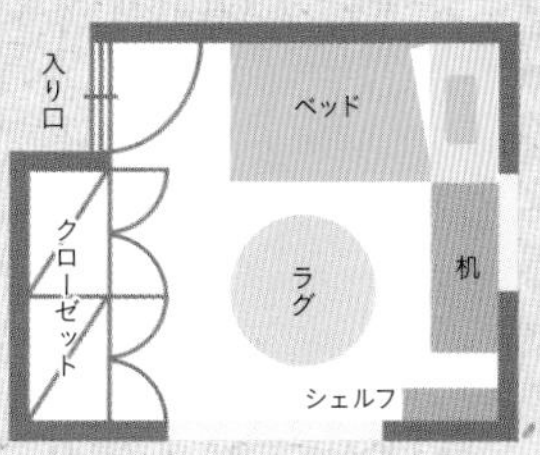

YOKO'S COMMENT

ベッド＆デスクが増えたため
シェルフの置き方を変えて
省スペースを実現！

横向きで使っていたシェルフを、縦向きにして使用。椅子に座りながらシェルフに置いている物を取り、飾った物が見られるように部屋の角に配置しました。こうすることで、デスクとベッドを取り入れても居住スペースにはゆとりが生まれます。

詳しい紹介は ▶ P.080

D

DINING・ダイニング

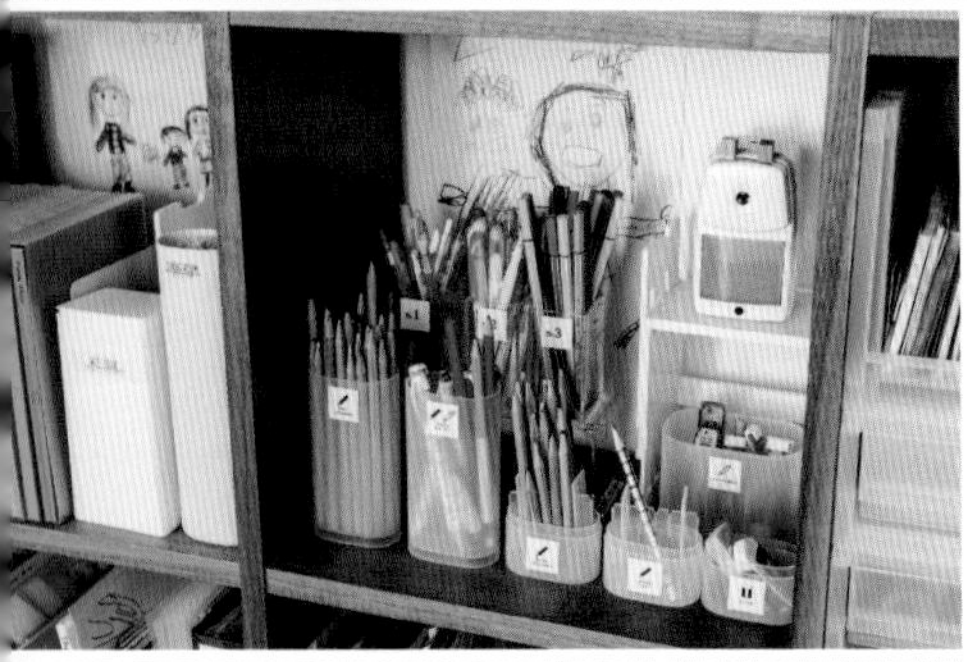

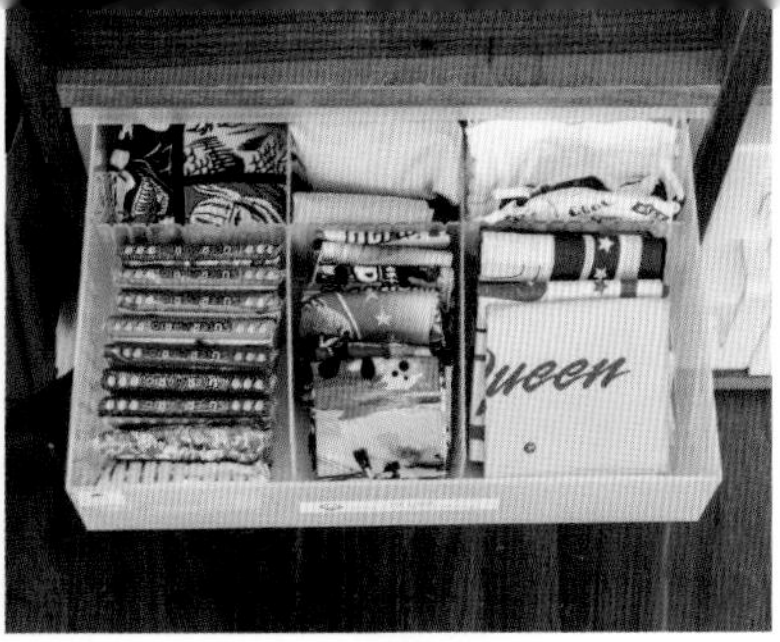

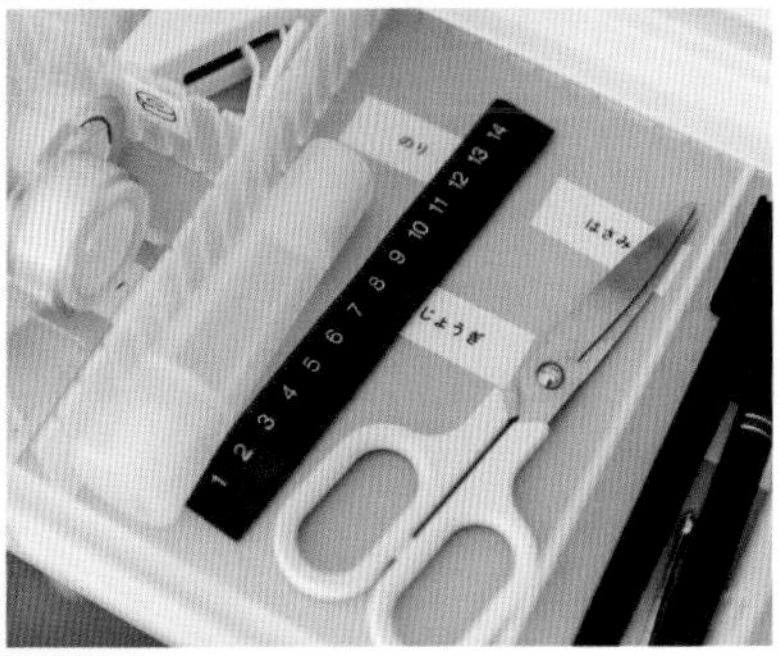

ダイニングはリビングからもキッチンからも近く、子どもたちが遊んだり勉強したりする場所。この家を建てる時、「キッチンに立ちながら子どもたちの様子がいつでも見られるような間取りにしたい」と決めていました。この家に住んで10年になりますが、本当にそうして良かったなと心から思います。

以前まで、ダイニングは私にとって仕事場のような感覚でしたが、今ではすっかり「子どもたちの第一の遊び場」に。子どもたちが以前よりもダイニングで過ごす時間が長くなったのは、「遊びやすい空間」になった証拠かな。

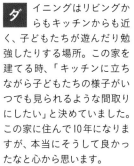

Ⓐチャック付きのポリ袋 ▶ P.054 Ⓑ子どもたちも使う便箋と封筒 ▶ P.078 Ⓒおこづかいチケットなど ▶ P.026 Ⓓ娘のハンカチやティッシュ ▶ P.078
Ⓔ娘の教科書やノート ▶ P.079 Ⓕ息子の教科書やノート Ⓖ子どもたちの工作セット ▶ P.038 Ⓗパソコンや携帯電話、充電器 ▶ P.079

01 子どもたちの文房具

ダイニングで絵を描く時に使う文房具。細かく分類してラベルを貼れば、戻す場所がわかりやすく片付けやすい。ラベルは「ながいいろえんぴつ」「みじかいえんぴつ」など。

02 通学グッズ&遊び道具

通学グッズは中身が透けて見える引き出しに、遊び道具は中身が見えない引き出しに。しっかり分けることで、「遊びに使う物」と「遊び以外に使う物」を認識しやすく。

03 バッグ

習いごとやお習字のバッグをシェルフ横に引っ掛け収納。右側は娘のバッグ、左側は息子のバッグ。

04 家族共有の文房具

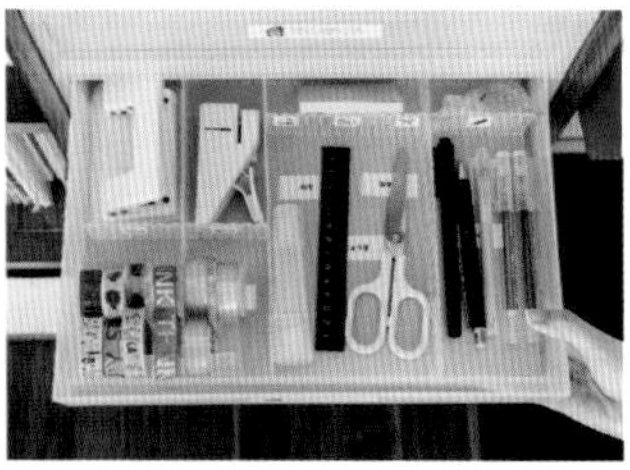

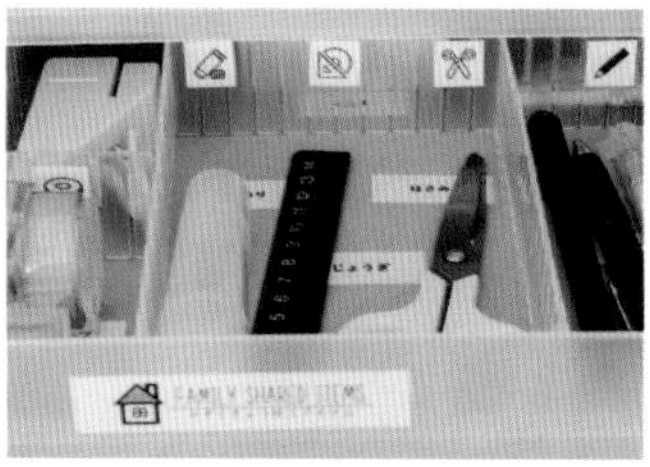

仕切り板の側面にイラストのラベル、底面に文字のラベルを貼って、物の定位置をわかりやすくしました。テプラのラベルプリンター（52 ページ参照）を使用。

05 学用品のストックetc.

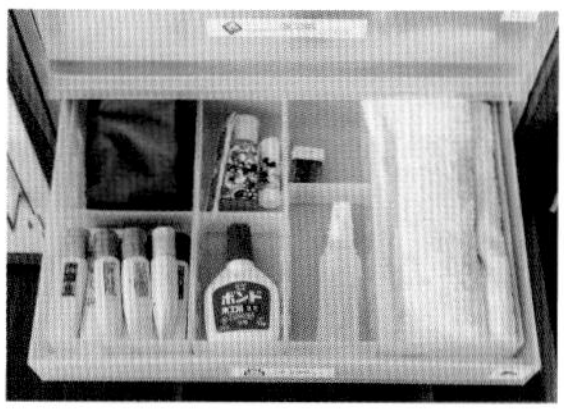

娘が学校で使う絆創膏やリップ、接着剤、雑巾、絵の具などのストック類をざっくりまとめた引き出し。

06 娘のお絵描きグッズ

娘が使うノート類。娘が自分で描いた顔と、「mine」のラベルをファイルボックスに。

07 雑貨

奥の懐中電灯は取り出しやすいよう、お助け本棚（46ページ参照）を使っています。

08 息子の持ち出しグッズ

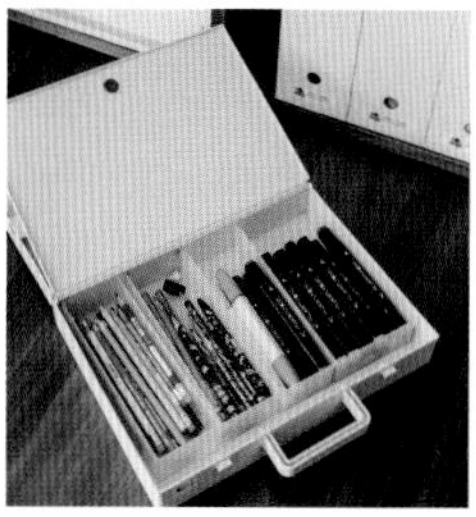

息子がばあばの家に遊びに行く時に持ち出す文房具は、キャリーケースに収納。

09 パソコン etc.

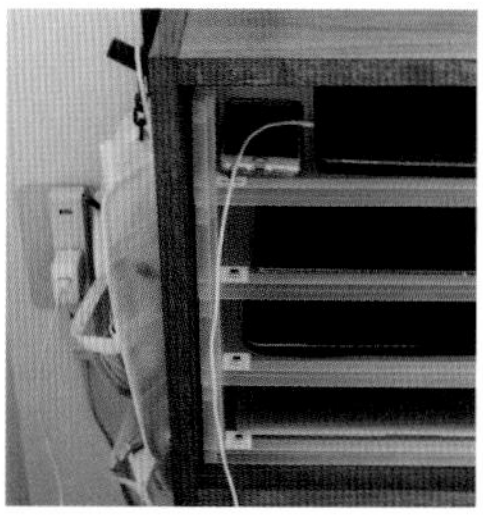

パソコンや携帯電話など。コンセントの近くなので、ここに置いたまま充電できます。

10 掃除道具

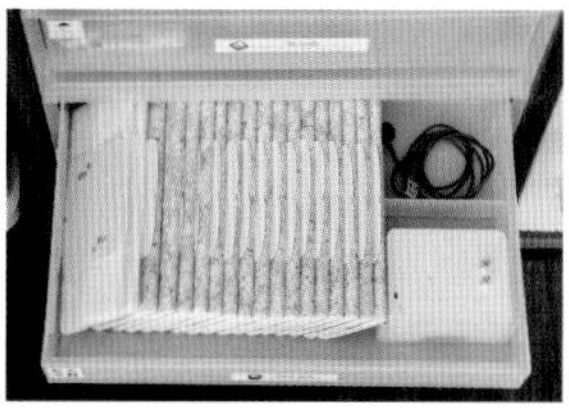

シェルフのすぐ左横に置いている、水拭きお掃除ロボットのフィルターや充電器をまとめて収納。

11 息子のお絵描きグッズ

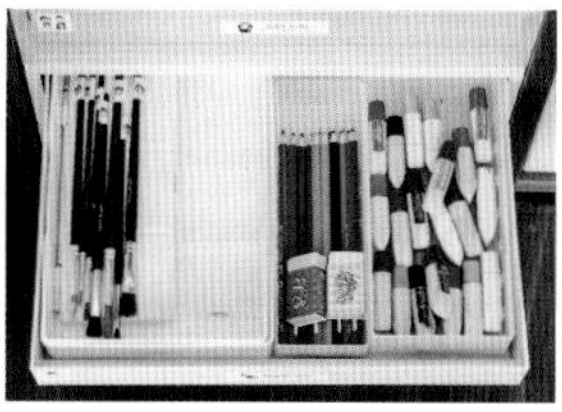

息子がダイニングやリビングで使う絵の具やふで、色鉛筆などのストックをざっくりまとめています。

12 家族の予定表

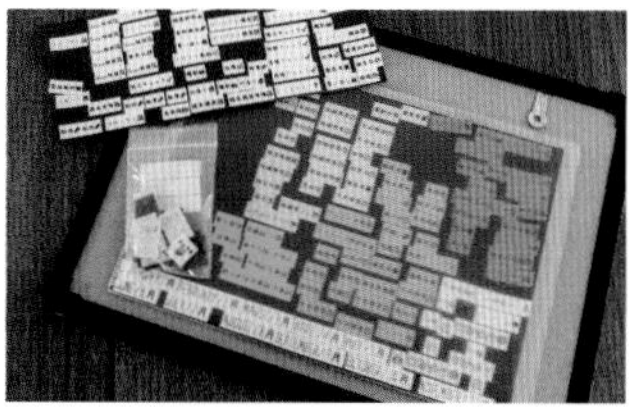

1か月の予定をホワイトボードで管理。家族ごとに色を変えたラベルをマグネットに貼っています。ゴミ出しなど、毎週の予定はイラストのラベルに。ホワイトボードの裏にクリアホルダーを付けて、マグネットのストックを収納しています。

YOKO'S COMMENT

今のわが家にとって
ベストな収納！

子どもたちにとってわかりやすく、出し入れのしやすさを優先した収納。おかげで自主的に片付けてくれるし、とても助かってる。「遊び道具はどうしてもガチャガチャして見えるから、『中身が見えない＆一手間かかる収納』にしていい？」と子どもたちに相談した時、OKしてくれて良かった！ おかげで物は多いけれど、なるべくスッキリ見える収納になったよ。

ICHIKA'S COMMENT

「ざっくり収納」が
わかりやすくてラク！

学校に持って行く物や家で遊ぶアイテム、弟の物もすごく増えたけど、今のシェルフが一番わかりやすくて好き。「文房具」や「ケア用品」みたいにアイテムで分かれていないけど、「学校に毎日、持って行く物」とか「お絵描き道具のストック」とか、使う目的と頻度で分かれていて、1つの引き出しにまとまっているから出し入れのアクションも少ないしラク。

D
DINING
シェルフ

収納の見直し

ダイニングのシェルフに置いている娘の物は、一緒に相談しながら収納を見直し。シェルフはオープンタイプなので、収納用品を色々変えたりと調整しやすいのが魅力です。

収納の見直し No.1

便箋&封筒

お友だちに書くためのレターセット。
最近は息子も使う頻度が増えました。

BEFORE

中が透けて見えるケースに、種類ごとに分類して収納。

収納の評価 ★

ICHIKA 引き出しの中に入っていて、さらにケースから取り出すというのは正直、面倒くさい…。もうちょっと、パパッと出し入れできるとうれしいんだけど。

YOKO 最初、購入したままの状態で保管していたよね。そうしたら袋の粘着面に便箋がくっついてやぶけたり、出しづらそうだったからケースに入れ替えたんだけど…。

AFTER

オープン型の収納ラックを設置し、仕切りを利用してノーアクションで取れるように。

収納の評価 ★★★★★

ICHIKA この収納はすごい！ 出しやすいし、わかりやすい。しゅうちゃん（弟）でもサッと取り出せるから、イライラすることが減ったみたいだよ。

YOKO 「せっかくなので子どもたちにとって究極に出し入れしやすいようにしよう」と思い、見直して作ったのがこの出しっぱなし収納。引き出しを引く、ケースを開けるといったアクションがないだけで、だいぶ違うよね。お母さんが補充する時もラクだよ。

収納の見直し No.2

ミニポケット

ティッシュやハンカチなどを入れて
洋服につけるミニポケット。

BEFORE

ミニポケットは毎日、学校に持って行く物なのでランドセルの近くに。

収納の評価 ★

ICHIKA ランドセルの横にケースを置いて、そこに入れてた。でも、ランドセルを取る時にケースが当たって落ちることが多くて「ジャマだな～」と思っていた。

YOKO もともと私が準備していたミニポケットを、娘が自分でできるように…と思ってここに収納。持って行くのを忘れることもなく、安心していたんだけど…。

AFTER

ランドセル置き場のすぐ下、引き出しの中に収納。

収納の評価 ★★★

ICHIKA ケースが落ちてイラッとすることがなくなった！ ランドセルの下だと忘れることもないし、ハンカチとティッシュも同じ場所にあるから準備がラク～。

YOKO ケースに入れてわかりやすいようにしたつもりだったけど、「ノーアクション＝ラク&ストレスなし」とは限らないんだね。過剰に収納用品を使う必要はないし、何かを取り入れると他の収納（この例で言えばランドセル）に影響が出ることもある、ということを教えてもらったよ。

収納の見直し No.3

教科書＆ノート

どんどん増えていく教科書やノート。
仕切りスタンドに立てて収納しています。

BEFORE

「小学校アイテム」「自主学習アイテム」「借りた本」とラベリング。

収納の評価 ★★★★

ICHIKA
ラベリングしてあってわかりやすいけれど、「小学校アイテム」が増えて場所がなくなった。あふれたぶんは、とりあえずランドセルの横に避難…。

YOKO
ランドセルの横はジャマにならない？「借りた本」と「自主学習アイテム」のスペースはまだ余裕があるから、そっちに入れたらいいんじゃない？

AFTER

ラベリングをなくし、ざっくり収納に変更しました。

収納の評価 ★★★★★

ICHIKA
無意識に、「ラベルに書いてある物しか入れちゃダメ」だと思ってた…！ 右側に「学校の物」、左側は「それ以外の物」という感じでざっくり収納したら、全部このコーナーに入った！

YOKO
一花が、そこまでラベルに忠実になるとは想定外！ もともと、一花がわかりやすいように…と思ってラベリングしたけれど、もうどこに何があるのか自分で覚えているようだし、ラベルは卒業しても大丈夫だね。しかし、ラベリングが不要になる時が来るなんて成長を感じるな〜。

収納の見直し No.4

携帯電話＆充電器

遊びに行く時に使う携帯電話やゲーム。
充電器も同じ場所にセット。

BEFORE

充電器がゴチャゴチャにならないよう、アクリルスタンドで仕切って収納。

収納の評価 ★★★

ICHIKA
1つひとつ分かれているから探す必要がなくていいんだけど、携帯電話を取ろうとしたら充電コードが絡まってイラッとする時がある。

YOKO
それぞれの充電コードを一緒に収納しておけば、充電する時に「コード、どれだっけ？」がなくなって便利だろうと思ったんだけどな…。

AFTER

充電器はサイドに引っ掛け収納し、携帯電話の置き場はスッキリと。

収納の評価 ★★★★★

ICHIKA
BEFOREの収納だと、結局、ケースを引かないと奥の物が取れなかったけど、この収納は何を取るにしてもノーアクションだからラク！

YOKO
コロナな日々になってから、パソコンが増えたりタブレットが増えたりして、前の収納だと対応できなくなったんだよね。全部、使用頻度が高い物だから、オープン型の収納ラックを使ってみたよ。充電コードも分かれてるし、コンセントもすぐ近くにあって収納するのと同時に充電できるし、バッチリでしょ！

K

KID'S ROOM・娘の部屋

子ども部屋は、いつも娘と一緒に作り上げてきました。一緒に家具を選んだり、一緒にウォールステッカーを貼ったり、「こんな感じがいいね」と言いながら部屋のイメージ図を描いたり…。部屋作りにおいて、娘の成長とともに私の役割は減ってきたけれど、娘の「大好き」が詰まったこの部屋は、私にとっても大切で、大好きな場所です。

小学校高学年になってから、この部屋にひとりで過ごす時間が長くなってきた娘。考えごとをしたり、夢中になって読書したり。一人の時間が必要になってきた今だからこそ、この部屋が娘の癒やしの場に、そしていつでも娘の笑顔を作り出してくれる空間であればいいなと思います。

Do all things
great
Love

I'm here!

Ⓐ DAISOの「パンチングボード」を使用 ▶ P.048

Ⓑ ベッドから手を伸ばして
届く場所にティッシュなどを配置 ▶ P.065

Ⓒ 引き出しの中はスケッチブックやノート ▶ P.083

Ⓓ 左の引き出しはお絵描き用のペンを収納 ▶ P.083

LAYOUT

■ アニメグッズ ■ 文房具
■ スケッチブックや資料

デスク周りは勉強用ではなく、お絵描きを楽しむ趣味のスペース。目の前や横のシェルフにアニメグッズをたくさん飾っています。

無印良品のファイルボックスとペンポケットを組み合わせ、文房具を分類収納。ペンポケットはファイルボックスの外側ではなく内側に掛けて幅を出さず、机の上でジャマになりません。台にもなるから、上に飾りたいぬいぐるみも置けます。

YOKO'S COMMENT 限られたスペースで工夫を！

ぬいぐるみやアニメグッズを飾るスペース、お絵描きするスペース、文房具を収納するスペースをどうやって確保するか、すごく考えたよね。お母さんが提案した組み合わせ収納を「省スペースで『飾る収納』ができる！」と喜んでくれてうれしかった！

ICHIKA'S COMMENT 「大好き」が詰まった空間

アニメグッズやお絵描き用のアイテムが集まった癒やしの場所。お母さんが「好きにしていいよ」って言ってくれるから、なんでも飾れるし。飾る場所がなくなっても、「こうすれば？」ってアドバイスをくれるから助かる！

収納の見直し

もともとダイニングのシェルフに収納していたお絵描きグッズ。娘専用の物は、娘の部屋に移動することにしました。

収納の見直し No.5

お絵描き用のペン

絵を描くことが大好きな娘は、
お絵描き用のマーカー・コピックを愛用。

BEFORE

いつもダイニングでお絵描きするからダイニングのシェルフに収納。

収納の評価 ★★★

ICHIKA
収納場所としては最適だけど、お絵描きしてると弟がジャマしたり、食事の時間になると途中でも片付けないといけなかったり、集中して楽しめないのが悩み。

YOKO
ダイニングでお絵描きするのはダメじゃないけど、一花の部屋のデスクを使っていないのはもったいないね。文房具のストック置き場になっちゃってるし。

AFTER

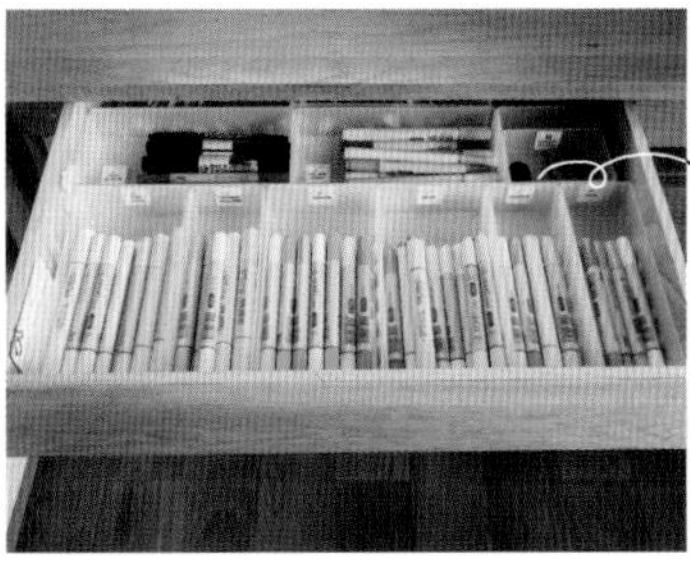

お絵描き用のペンは子ども部屋のデスク(引き出し内)に移動!

収納の評価 ★★★★★

ICHIKA
これで誰にもジャマされず、好きなようにお絵描きができる! デスクの前にアニメグッズも飾ってあるし、めちゃくちゃモチベーションが上がる〜!

YOKO
どうせ中学生になっても、教科書や通学バッグの置き場も勉強する場所も、今と変わらずダイニングなんでしょ? だったら一花の部屋は、一花の好きな時に好きなだけお絵描きができるような場所にしたらいいよ! 自分の部屋を大好きになって、大事に使ってくれたらお母さんはうれしいな。

収納の見直し No.6

スケッチブック

娘がお絵描きする時の必需品。
ワケあって分散収納していたけれど…。

BEFORE

今、使っている物はダイニングのシェルフ(写真)、使い終わった物は娘の部屋のクローゼットに分散して収納。

収納の評価 ★★★

ICHIKA
今までダイニングでお絵描きしていたから特に困ってなかったけど、本当は使い終わったスケッチブックもすぐ取り出して、見られる場所に置きたいな…。

YOKO
ダイニングに置ける場所は限られているから、全部置くのは難しいね。なんで、使い終わったスケッチブックをすぐ取れるようにしたいのかな?

AFTER

今、使っているスケッチブック

絵を描く時の参考資料や本

使い終わったスケッチブック

収納の評価 ★★★★★

ICHIKA
「過去に自分が描いた絵を今、描くとどうなるか」という比較をしたかったから、今までのスケッチブックが1か所にまとまっているのはうれしい。

YOKO
なるほど、「使用頻度が高い物を優先して出し入れしやすい場所に」が収納の基本だけど、「使い終わった物=使用頻度が低い」とは限らないよね。取っ手付きのボックスを使って、参考資料や本を取り出しやすくしたのはナイスアイデア!

K
KID'S ROOM
クローゼット

Ⓐ シーズンオフや使用頻度の低い物
Ⓑ ベルトや帽子は扉裏のフックに掛けて収納
Ⓒ 上段からトップス、ボトムス、靴下やタイツ、パジャマやタオル
Ⓓ 上段からハンドタオル、手袋などの小物、キャミソール、下着
Ⓔ 辞書など学用品と、保管している本
Ⓕ バッグはボックスに ▶ P.085
Ⓖ スポーツアイテム、プール用タオル、思い出の物、スクイーズ等 ▶ P.085
Ⓗ 体操着、プールアイテム、プレゼント&手紙、スクイーズ等 ▶ P.085
Ⓘ シーズンオンのアウター&ニット以外のトップス

LAYOUT

■ シーズンオフ etc.
■ 衣類
■ 衣類以外の物

クローゼットはコーディネート用と保管用で使い分け。既存のハンガーパイプは今の身長だと高過ぎるので、カゴやネットを掛けて活用。

01 ポーチ

折り畳み傘や裁縫道具などの学用品は、ワイヤーに掛けたカゴにポイ入れしています。収納しやすいし、保管していてもジャマにならない！

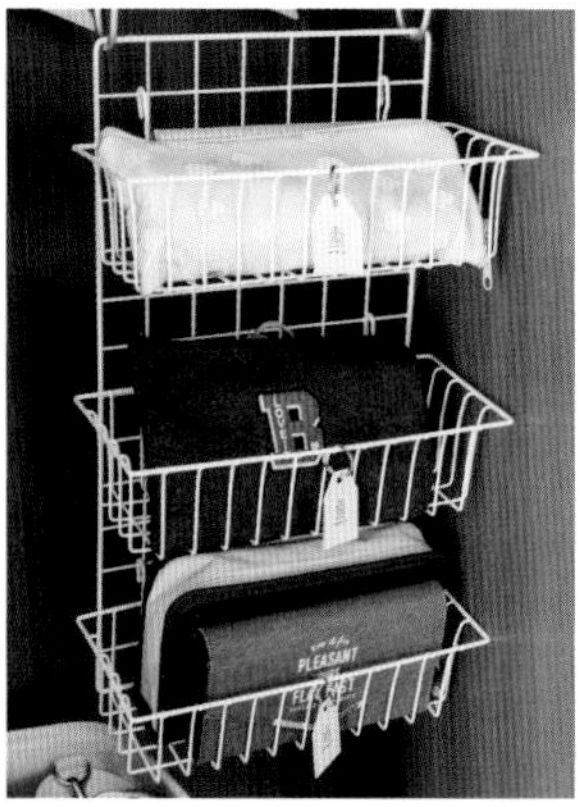

02 思い出の物

運動会のメダルやお友だちからもらった物など、思い出の物は大事に保管しつつ、すぐ手に取れるように。

03 衣類

衣類はアイテムごとに分け、重ねずにすべて立てて収納。引き出しを開けた時、全体を見渡せるように。

YOKO'S COMMENT

「自分でできる」ための収納

昔から「一花が自分で身支度できるようにする」というのが、お母さんの目標。そのためには「一花にとってわかりやすく、ラクにできて楽しめる」必要があった。だから、必ず一花にどうしたいかを聞いて、クローゼットを一緒に作り上げてきたよ。

ICHIKA'S COMMENT

「たたむ」から「掛ける」に

昔は洋服をたたむのが好きだったから、アウター以外「たたむ収納」にしてたな〜。でも、弟がクローゼットの中の洋服を全部「掛ける収納」にしているのを見て、「これいいな〜」って思って変えると出し入れがすごくラクになった！

K
KID'S ROOM
クローゼット

収納の見直し

小学校6年間で、大きな配置の入れ替えはありませんでしたが、細かい部分を見直し。鏡もクローゼットの近くに移動しました。

収納の見直し No.7

バッグ

「引っ掛ける」から「入れるだけ」に。
成長とともに変わる性格と、好きな収納。

BEFORE

娘の手が届く高さにポールを設置し、引っ掛け収納。

収納の評価 ★★★

ICHIKA
昔は持っているバッグの量が多かったから、全部フックに掛けてた。お店に並んでいるみたいで眺めるのも好きだったし、この時はすごく満足だったな～。

YOKO
「バッグは並べたい！」という一花のオーダーに応えた収納。並べると、使用頻度の低いバッグにも目が届いて、〝タンスの肥やし〟にならないからいいよね。

AFTER

ボックスにポイッと入れるだけの収納にしました。

収納の評価 ★★★★★

ICHIKA
今だとフックにわざわざ掛けるのが面倒に思えるから、ポイッと入れられるほうが絶対にいい。

YOKO
一花を見ていると、ヒトって性格も変わるし、成長とともに好きなこと・イヤなことがハッキリしてくるんだな～って実感する。今の一花は私と似て、すごくズボラで面倒くさがりだもんね。だから、「前はちゃんと片付けていたのに、最近、出しっぱなしだな…」ということがあったら、一花が成長したサインだと思ってるよ！

収納の見直し No.8

おもちゃ

娘が好きで集めていたスクイーズ。
そのうち、引き出しに入り切らなくなり…。

AFTER

スペースに余裕があったので、引き出しをもう1つ増やして収納場所を確保。

YOKO
せっかく、一花が自分のお金で集めたスクイーズ。「これはもう使わないから」という理由なら手放してもいいけれど、「収納する場所がないから」という理由でムリに手放すことはさせたくなかった。「物を減らす」のではなく、「物を残せるように工夫する」ための整理収納だからね！

収納の見直し No.9

全身鏡

もともと使っていたのはスタンド式。
でも、ベッドを部屋に入れると
置く場所がなくなってしまい…。

AFTER

弟の部屋にあった壁に掛けるタイプの鏡をゆずってもらった！

YOKO
洋服のコーディネートを楽しめるように、長く使える物を…と思って選んだスタンド式の鏡なのに、変えることになってゴメンね…。でも、一花が身支度を楽しんでくれたおかげで、「身の回りのことを自分でやる」という習慣も自然と身に付いたね。スタンド式の鏡はいつかまた使うと思うから残しておくよ。

J

JAPANESE STYLE ROOM ・和室

家を建てる時、狭くてもいいから絶対に和室を作りたいと夫にお願いしました。息子が生まれてからは、オムツ替えもお昼寝もこの場所。ですが、息子が幼稚園に通うようになってからは和室を使う機会が減り、夫に「和室じゃなくてそのぶん、リビングをもっと広くすれば良かったんじゃない？」と言われたことも。コロナな日々がきっかけで和室をリニューアルし、夫は「やっと和室が部屋として使われる日が来たんだね」と言っています。

コタツを入れてからというもの、子どもたちは和室に集まるようになり、娘にいたっては「コタツムリ」と化している様子（カタツムリを言い換えた娘の造語）。私自身も、在宅ワークの時はこの部屋に籠もることが多くなりました。和室は新たに作り上げた「癒やし」が詰まっている、家族みんなのお気に入りの場所です。

Ⓐ グリーンや額は耐震マットを貼って転倒防止

LAYOUT

■ 家族共有の物
■ 父＆息子の物　■ 母の物

もともとダイニングのシェルフに置いていた「母の物」は2階に移動しましたが、1階で使いたい「家族共有の物」や学校のお便り等は和室に移動。収納したい物と壁面のサイズに合わせて、シェルフはワイドタイプをチョイス（97 ページ参照）。

01 電話機＆メモパッド

コロナな日々の中、夫が映画を見ることが多くなり、スピーカーが増えました。そのため、もともとテレビのサイドに置いていた電話機&メモパッドを和室に移動。

03 ラベルプリンター

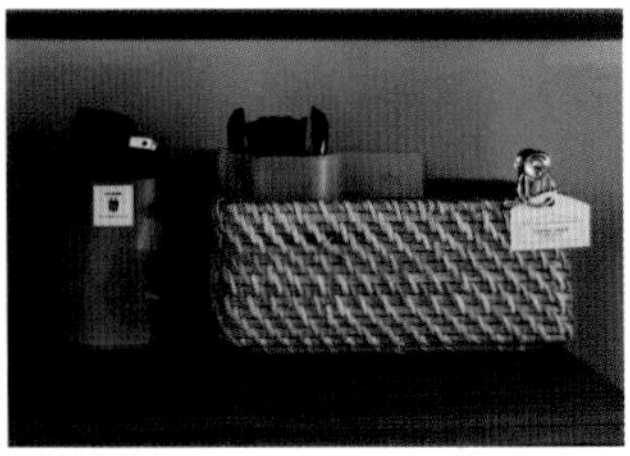

ラベルプリンター本体（52 ページ参照）、ラベル作りに使う１穴パンチ、**04**のカゴを3点セットで収納。手前右の白いボックスはウェットティッシュ。

02 文房具

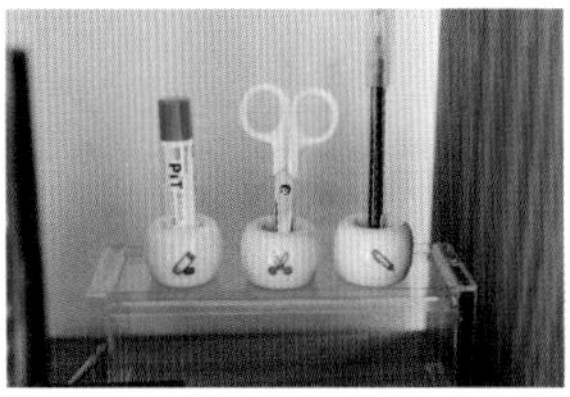

無印良品の「白磁歯ブラシスタンド」に立てて収納。奥に配置するので、コの字ラックの上に。

05 ウェットティッシュ

富士山マークをプリントしたラベル。外に出しておく物なので、目で見て楽しめるように。

04 ラベルプリンターのテープ etc.

プリンター専用のテープと一緒に、ラベルを作る時によく使う道具やリボン等をまとめて収納。ラベルは物の定位置を明確にするために貼りますが、工夫次第で見た目もかわいくなります。

08 観葉植物の栄養剤

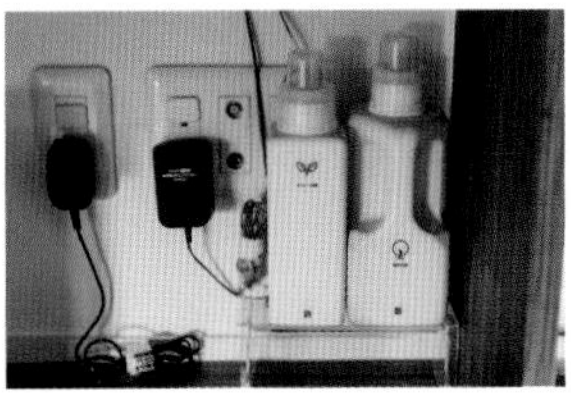

栄養剤は使用頻度が低いので、うしろに配置。忘れ防止のためコの字ラックに置いて見えるように。

07 筋トレグッズ

夫がよく使う筋トレグッズ。一式まとめてバッグに入れておくと、そのまま持ち出して使えます。

06 書類・お薬手帳 etc.

「固定資産税」「自動車税」「市県民税」「住宅ローン」など、なくしてはいけない書類は分類収納。

11 掃除グッズ

卓上ほうきと掃除機のパーツは、スチール仕切板にマグネットでくっ付けています。

10 掃除機

ホコリが目に入ったらサッと掃除したいので、すぐ取り出せる場所かつ目立たない場所に配置。

09 仕事道具 etc.

やどかりセット（38ページ参照）を和室に仮置き。奥のファイルボックスは学校のお便りなど。

YOKO'S COMMENT

部屋の広さに合わせてノーアクション収納に

念願のこたつが入って、やっと理想の和室を作ることができた！ 和室に飾るインテリアは、「和」を感じるテイストの物をチョイス。3畳で広くないから、収納は持ち運んで使う物以外は全部ノーアクション収納にして、開け閉めするための空間が必要にならないように工夫したんだ。こたつは家族4人でも使えるように脚が細く、通年使える物を選んだよ。

ICHIKA'S COMMENT

今まで使っていなかったのに大好きな部屋になった！

今まで和室で過ごすことなんてまったくなかったけど、リニューアルしてからはすごく快適でずっといる。絵を描くのも集中できるし、こたつが最高！ 今まではあばの家でしか入れなかったから、すごくうれしい。最近、こたつに入ってばかりいて、お母さんに「みんなの和室！ 占領し過ぎ！」って言われたから気を付けなきゃ。

B
BEDROOM・寝室

ベッド２つを並べ、家族４人並んで寝ていた寝室。「狭い〜！」と言いながらも、４人で寝るのがとても楽しかった。子どもたちが「自分の部屋にベッドを移動したい」と言い出した時は成長を感じたぶん、寂しい気持ちになりました。ベッドが１つになった部屋は殺風景で、気持ちが沈んでしまうことも。そこで、ダイニングの収納の見直しで置けなくなった私の物を置くため、そして思い出の物を保管するため、気持ちが前向きになる収納を作ろうと考えました。

リニューアルした寝室は、大切な思い出と緑がたくさんの空間に。とはいえ、ベッドを移動したものの実は、まだこの部屋で寝ることも多い子どもたち。なぜか寝場所がなくなった私が子ども部屋に行って一人で寝ることが多い、というのはここだけの話です。

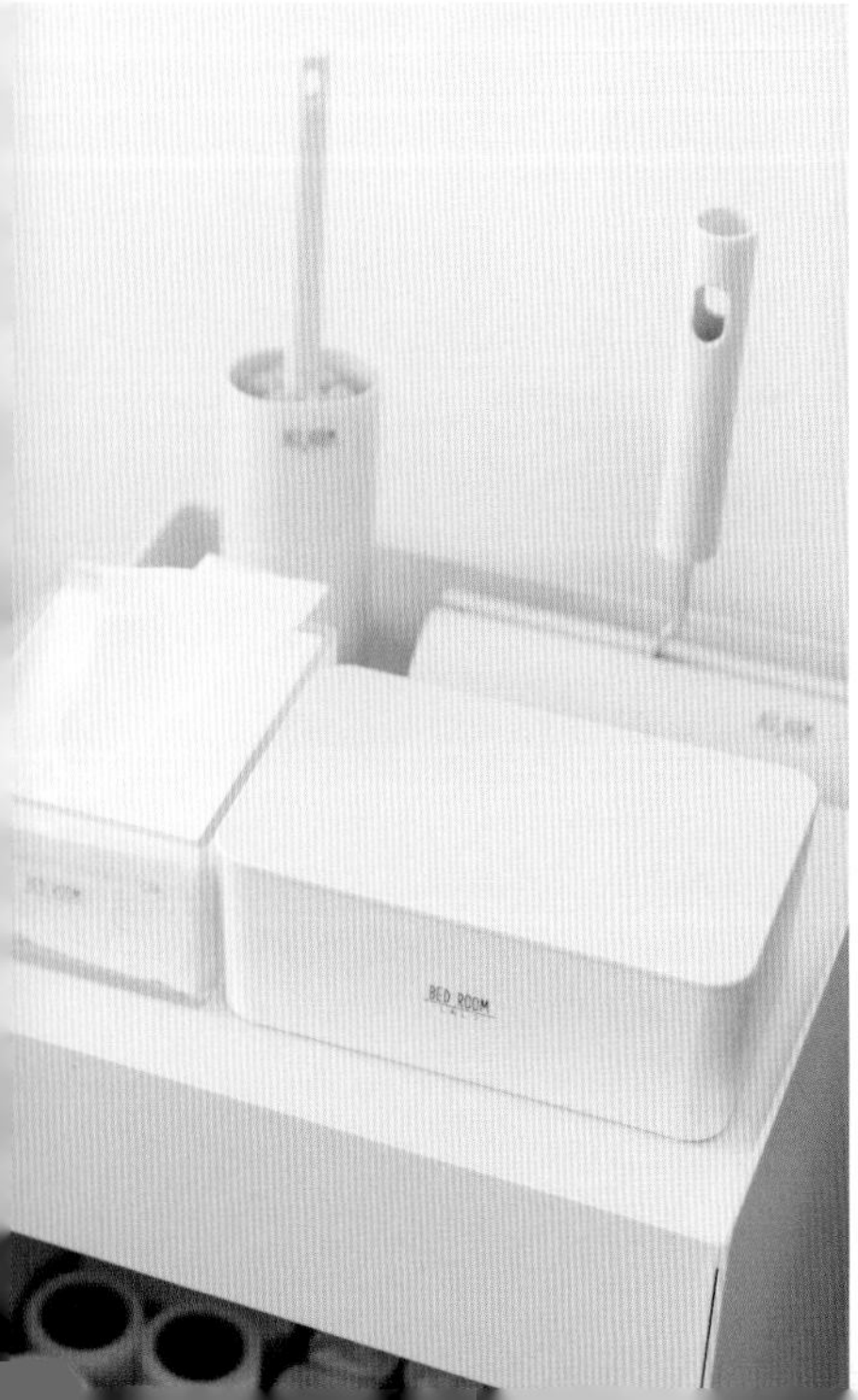

19

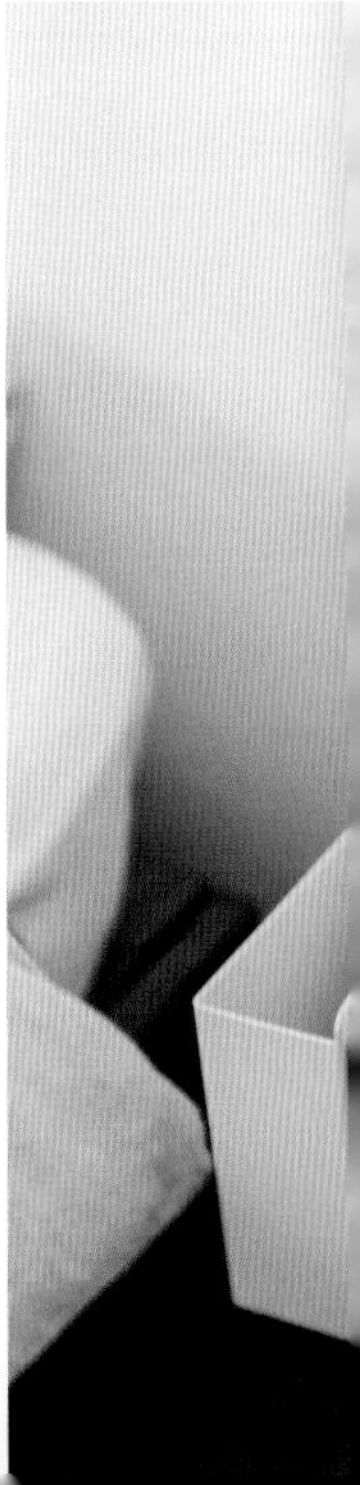

BEDROOM
シェルフ

Ⓐ著書　Ⓑ娘が使っていた歴代メガネ ▶ P.013
Ⓒ仕事の資料や寝室で使う掃除道具のストック

LAYOUT

■ 思い出の物
■ アクセサリー
■ 仕事道具

思い出の物は押し入れの奥にしまい込まず、子どもとケンカした時や辛いことがあった時に見返しています。

01 思い出の物

娘と息子の抜けた歯を、1つひとつポリ袋に入れて保管。「ばあばとプールに行ってワッフルを食べていたら抜けた」など、どういうシチュエーションで歯が抜けたのか、日付と一緒にひと言メモをラベリング。

03 アクセサリー類

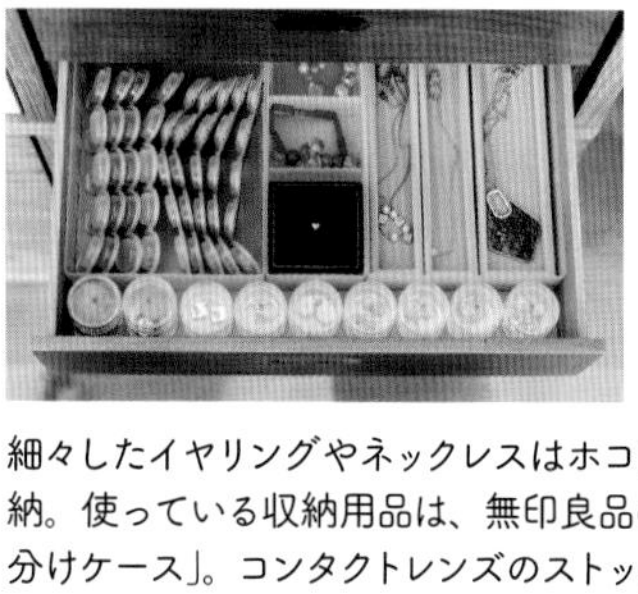

細々したイヤリングやネックレスはホコリかぶり＆紛失防止のため、1つひとつ収納。使っている収納用品は、無印良品の「デスク内整理トレー」と「アクリル小分けケース」。コンタクトレンズのストックもここに。

02 夫の小物類

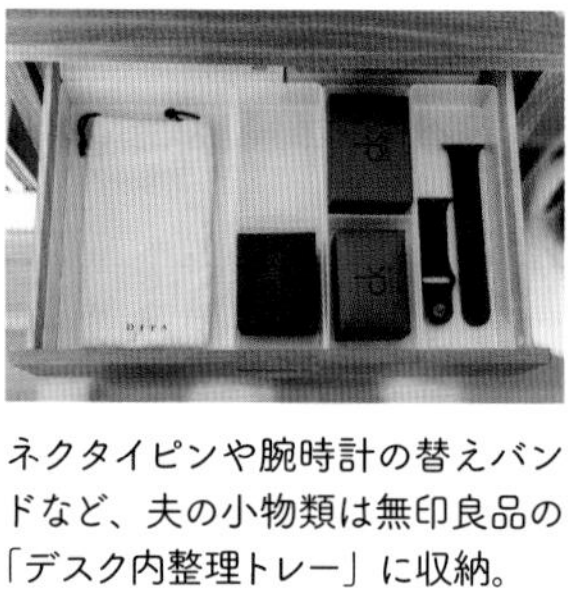

ネクタイピンや腕時計の替えバンドなど、夫の小物類は無印良品の「デスク内整理トレー」に収納。

04 写真&カメラ

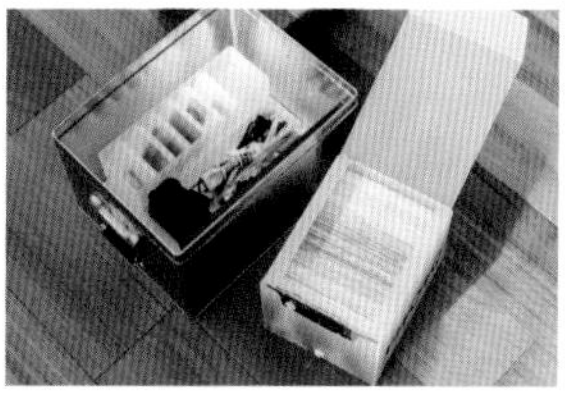

思い出の写真やカメラ本体、メモリカードをまとめて。フタ付きのボックスでホコリかぶりを防止。

05 仕事の資料

私の仕事道具や資料はよく見るので、取りやすいようにファイルボックスはこの向きで使用。

06 名刺&書類

仕事でいただいた名刺は、「出（出版社の方）」「ラ（ライターの方）」などインデックスをつけて収納。

07 インテリア

シェルフ1マスの半分サイズ「スタッキングチェスト・ハーフ」を使用（99ページ参照）。

08 仕事道具

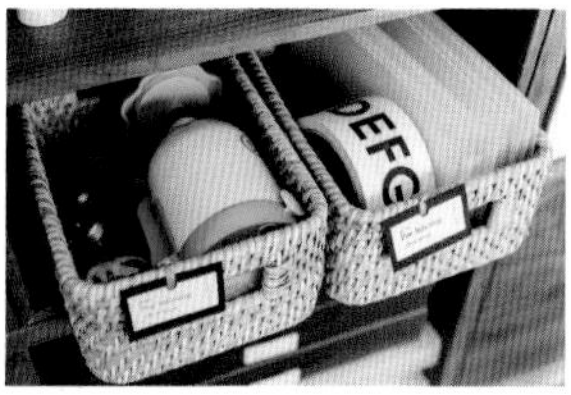

娘が手放した缶バッジを作るおもちゃやシールなどは、私が仕事で使うので残しています。

09 思い出の物

読者の皆さまからいただいたお手紙は、すべてケースに保管。時々見返して、励まされています。

10 思い出の物

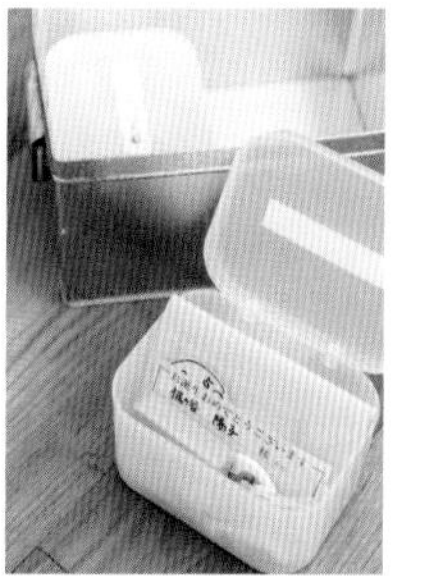

へその緒や名札、マタニティマークなど子どもたちを出産した時の思い出の物をまとめて大事に保管。

11 思い出の物

娘の歴代メガネケース、ファーストシューズ、子どもたちの愛用タオルなど、私が手放せない物。

12 インテリア

三角形を意識し、正面から見て中央が高くなるように配置すると安定感&均等感が出てスッキリします。

YOKO'S COMMENT

家にある物をフル活用！私好みの収納が完成

この収納を作っている時、インスタグラムを乗っ取られて落ち込んでいたんだよね（39ページ参照）。だけど、収納作りに没頭したら少しずつ元気を取り戻すことができた。お母さん、真っ白な収納より、こうして色々なテイストが集まっているほうが好きだな。今までベッド下にあった思い出の物もここに移動したから、より見返しやすくなったよ。

ICHIKA'S COMMENT

お母さんって本当に収納が好きなんだね

この収納を見た時、「インテリアショップみたい！」って思った。3列目を中心にして左右同じの並べ方とか、幅がぴったりの収納用品選びとか、お母さんの収納オタクっぷりが発揮された収納だな～とも思ったよ。新しい収納用品をたくさん買うんじゃなくて、今まで違う場所で使っていた物を組み合わせて作っているのもすごい！

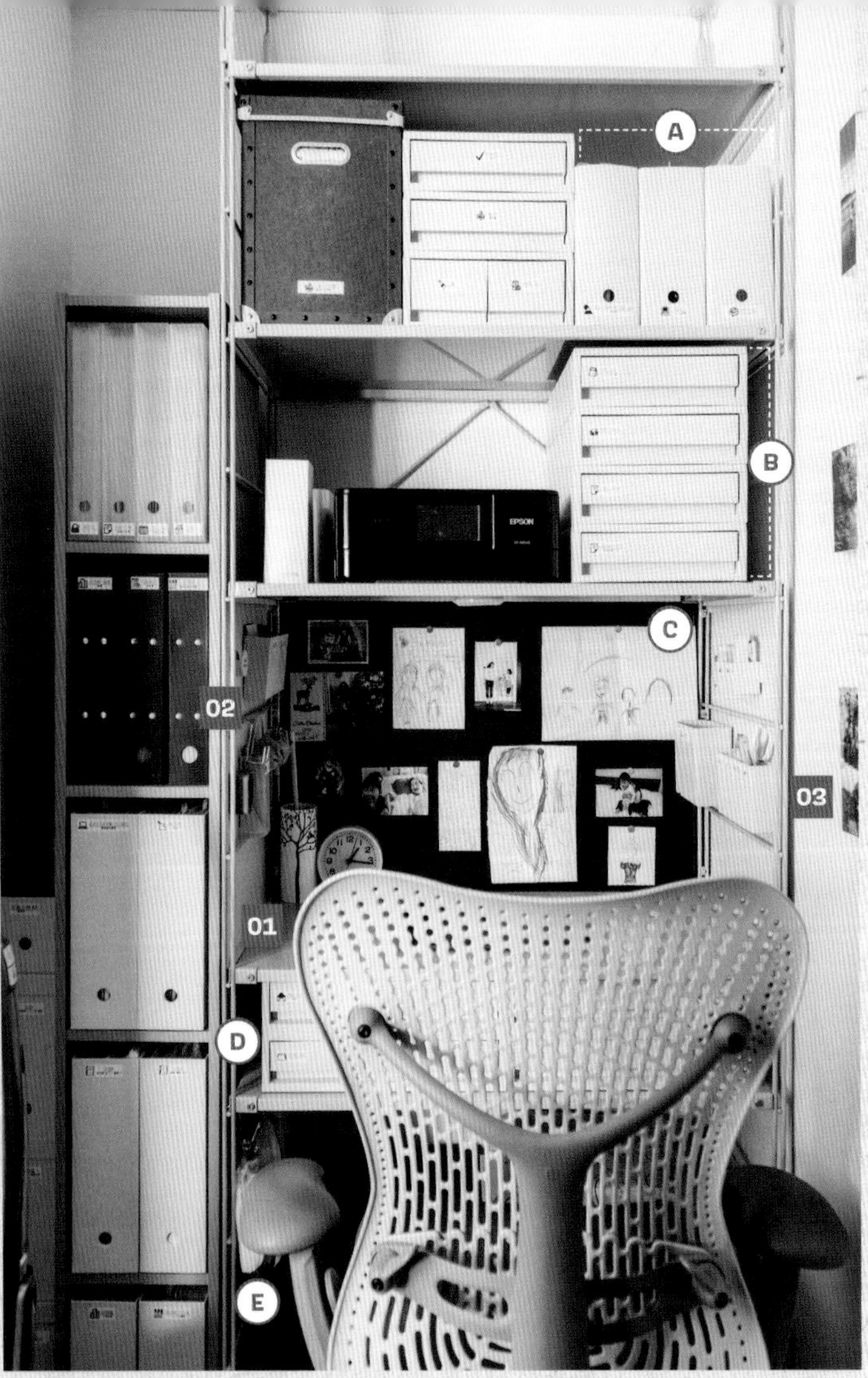

Ⓐ 年賀状やプリンターの取扱説明書等
Ⓑ ラベルシールや写真、印刷用紙等のストック類
Ⓒ 写真や手紙 ▶ P.095
Ⓓ 事務用品 ▶ P.095
Ⓔ ティッシュ ▶ P.095

01 ハンディモップ

気に入っていたのに割れてしまったカトラリー入れ。手放せないのでモップを入れて使っています。

02 よく使う物

サイドパネル（97ページ参照）にマグネット製品を付けて、電卓やメモ帳などよく使う物を収納。

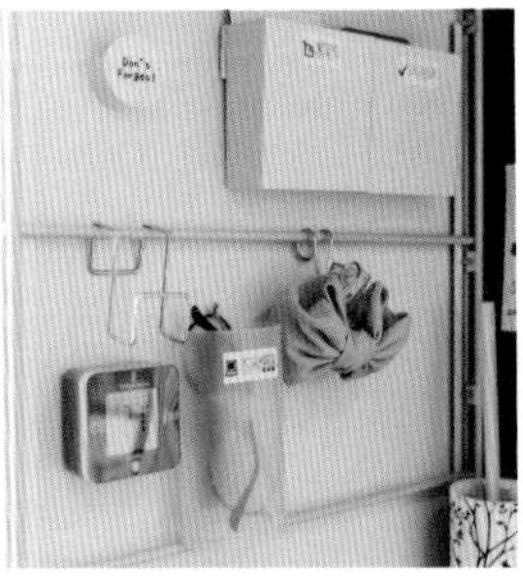

03 雑貨

右側にはよく使う文房具やダストボックスを。無印良品の「マグネットバー」とポケットシリーズを使っています。

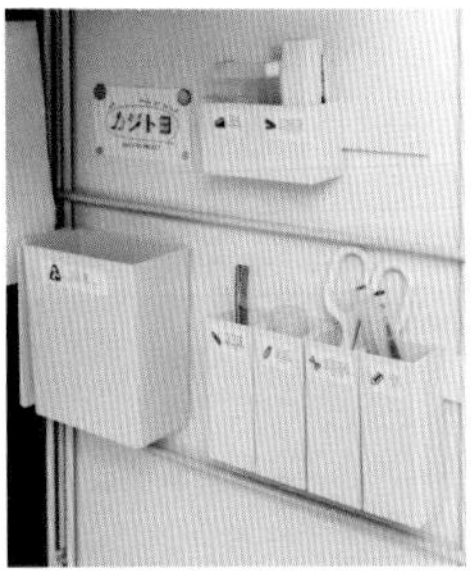

LAYOUT

■ 仕事道具　■ 日用雑貨
■ プリンターや印刷用紙

仕事道具や事務用品、日用雑貨、ストック類などをまとめているスペース。よく使う物は座ったままでも手に取れるよう工夫しています。

YOKO'S COMMENT

配置&収納方法にこだわった効率のいいPCスペース

和室で仕事をすることが多いけど、気分を変えたい時はここで仕事してる。デスクトップのパソコンを手放したら作業スペースができ、壁面も使えるようになったから大満足。極力、動きたくないから物の配置と収納方法にはこだわってるよ。地震の時に飛散するのを防ぐため、ファイルボックスを多用しているのもポイント。

ICHIKA'S COMMENT

お母さんにとって秘密基地みたいな場所

お母さんは、どの部屋にも私やしゅうちゃん（弟）が描いた絵を飾っていて、恥ずかしいけれどうれしい。リニューアルしてからは絵を描くスペースができたから、たまに使わせてもらってる。「この場所は地震が起きたら危険だから気を付けるんだよ！」って言われたから、友だちが来た時には入らないようにしてるよ。

B
BEDROOM
PCスペース

収納の見直し

寝室奥にあるクローゼットの一角は、事務作業を行うスペース。作業がはかどるように、使いやすさを追求しています。

収納の見直し No.10

写真＆手紙

子どもたちからもらった手紙やイラスト、
家族の写真などは目に触れる場所に飾りたいもの。

BEFORE

デスクトップのパソコンを使っていたので、奥の壁面は見えない状態。

収納の評価 ★★★

YOKO
仕事はしやすかったけれど、子どもの写真や絵を飾れない。だから、パソコンの待受画面を子どもの写真にして癒やされていた。

▼

AFTER

バックパネル（97ページ参照）を入れ、
写真や絵をたくさん飾れるように。

収納の評価 ★★★★★

YOKO
デスクトップのパソコンを手放したことで、作業スペースが確保できるように。さらに、子どもたちや家族の写真、子どもたちが描いてくれた絵を思う存分、飾れるように！ 作業効率アップ＆疲れた時の癒やしアイテムゲットで、在宅ワークがはかどる♪

収納の見直し No.11

事務用品

領収証や封筒、ファイルなどの事務用品。
なんだかんだ使うので出し入れしやすい場所が理想。

BEFORE

引き出しに分類して入れ、デスクの右下に配置。

▼

AFTER

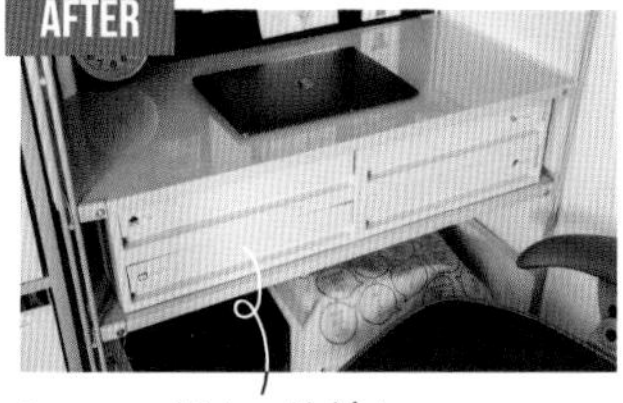

シェルフに板を一枚追加し、
引き出しをデスクのすぐ下に移動。

YOKO
以前の状態だと、出し入れする時にかがんで手を伸ばす必要があってプチストレス。デスクのすぐ下だとサッと引き出せるからラク。

収納の見直し No.12

ティッシュ

デスクワークでちょっとした時に使うティッシュ。
箱入りではなく、ポケットティッシュで十分。

BEFORE

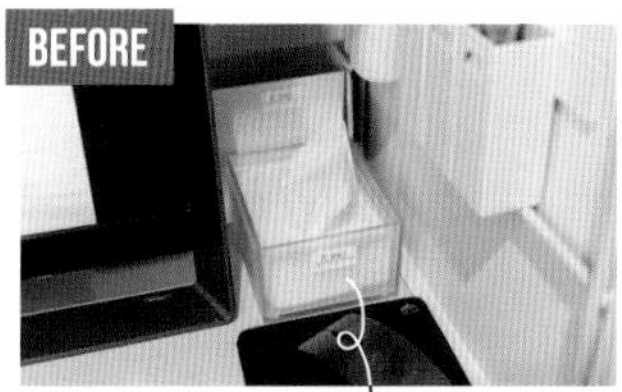

卓上用のティッシュボックスに入れ、
ジャマにならない奥のほうに配置。

▼

AFTER

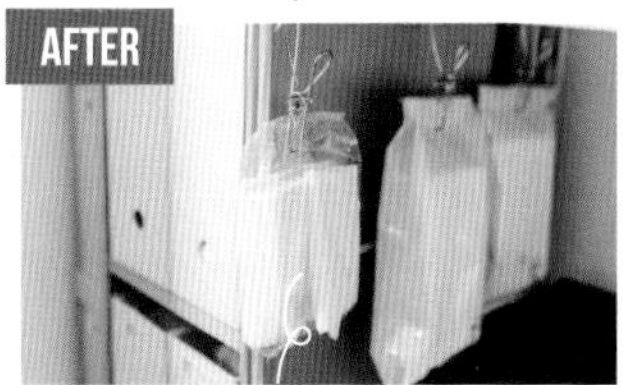

ティッシュを袋のままクリップに挟んで、
デスク下に移動。

YOKO
デスクの上はなるべく何も置かず広く使えるように。ティッシュケース1つでも影響し、作業効率が下がるので吊るす収納に変更。

無印良品の使用item一覧 01

各部屋の収納&家具

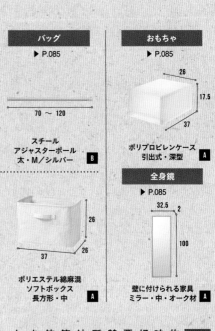

梶ヶ谷家の収納や家具の多くは、
無印良品の商品を使用しています。
❶「収納の見直し」で掲載した収納用品、
❷スタッキングシェルフ、❸家具、
❹スチールユニットシェルフの
4カテゴリに分けて紹介します。

B =BEFORE　A =AFTER

収納の見直し

便箋&封筒

▶ P.078

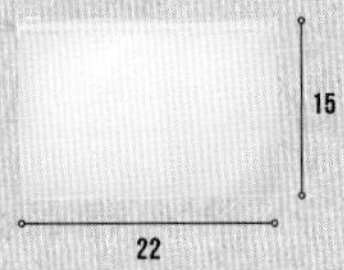

EVAケース
ファスナー付 B6 B

ミニポケット

▶ P.078

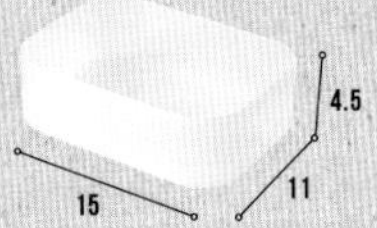

ポリプロピレンメイクボックス
1/4横ハーフ B

教科書&ノート

▶ P.079

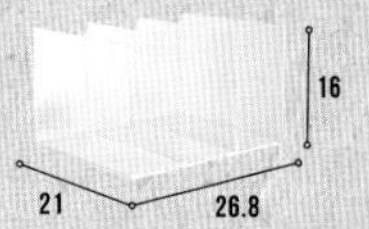

アクリル仕切りスタンド
3仕切り B A

スチロール仕切りスタンド
ホワイトグレー
3仕切・小

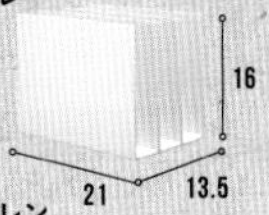

ポリプロピレン
収納ラック・深型

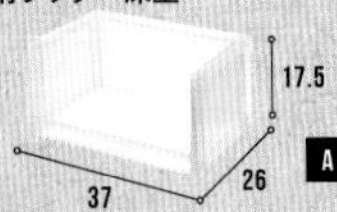

A

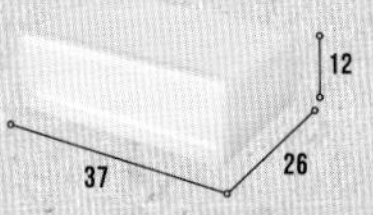

ポリプロピレンケース
引出式・横ワイド・浅型 A

携帯電話&充電器

▶ P.079

アクリル
仕切りスタンド
3仕切り

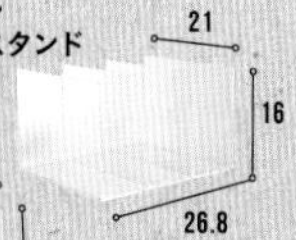

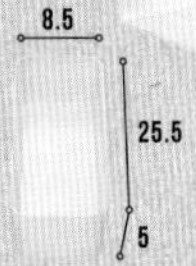

ポリプロピレン
整理ボックス2 B

EVA吊るせる
ケース

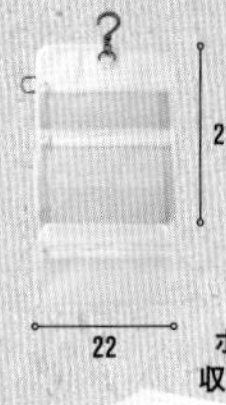

ポリプロピレン
収納ラック・薄型

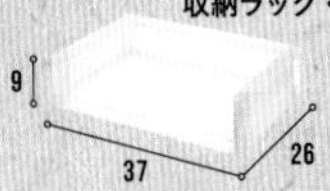

A

お絵描き用のペン

▶ P.083

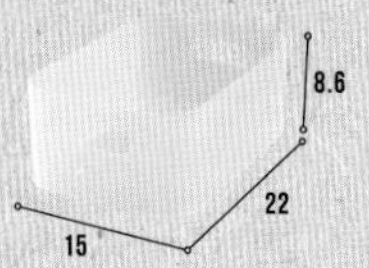

ポリプロピレン
メイクボックス・1/2 B

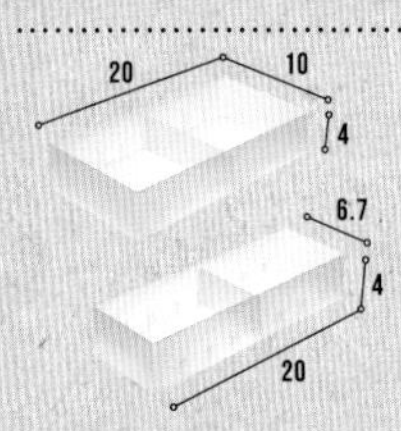

ポリプロピレン
デスク内整理トレー2(上)
整理トレー3(下) A

スケッチブック

▶ P.083

ポリプロピレンケース
引出式・横ワイド・薄型 B

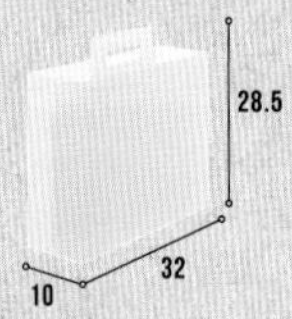

ポリプロピレン
持ち手付き
ファイルボックス
スタンダードタイプ A

バッグ

▶ P.085

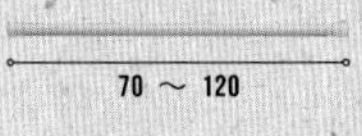

スチール
アジャスターポール
太・M/シルバー B

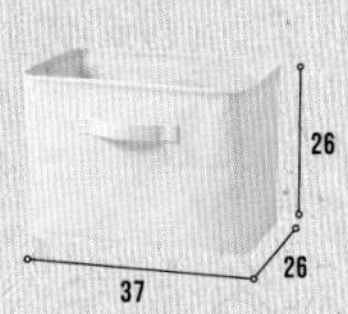

ポリエステル綿麻混
ソフトボックス
長方形・中 A

おもちゃ

▶ P.085

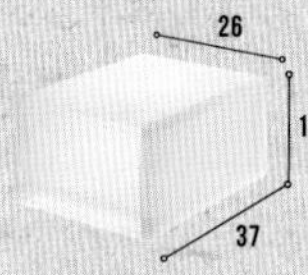

ポリプロピレンケース
引出式・深型 A

全身鏡

▶ P.085

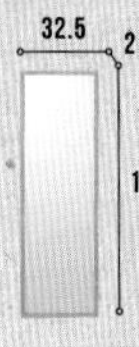

壁に付けられる家具
ミラー・中・オーク材 A

写真&手紙

▶ P.095

スチールユニットシェルフ
バックパネル・大・
ダークグレー A

事務用品

▶ P.095

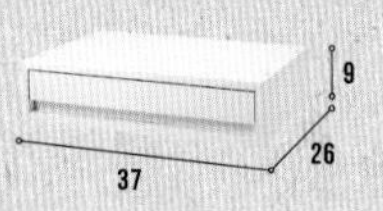

ポリプロピレンケース
引出式・横ワイド
薄型・ホワイトグレー B A

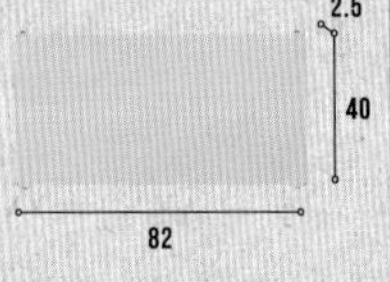

スチールユニットシェルフ
スチール追加棚・グレー
幅84cmタイプ用 A

ティッシュ

▶ P.095

アクリル卓上用
ティシューボックス B

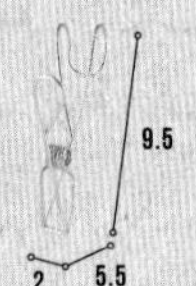

ステンレスひっかける
ワイヤークリップ
4個入 A

一度、作り上げた収納は永遠ではなく、家族のライフスタイルやその時々の性格・行動・クセ・好みによって変化させる必要があります。収納を組み替えたことで、もし「使う場所がなくなった」という収納用品が出てきた場合は保管を。もちろん、「この先も使う」と言い切れない物であれば手放すべきですが、わが家で保管している収納用品はすべて、必ずまた活躍できる時がきます。

家の中には案外、デッドスペースが多く存在します。そういう場所を「今、使うことはないけれど、いつか必ず活用できる収納用品」の保管場所に使うのもおすすめ。わが家の場合もベッド下や押し入れの他に、子ども部屋のデッドスペースに収納用品専用の保管場所を設けています。

スタッキングシェルフ

ダイニング

▶ P.076

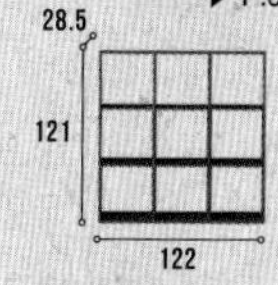

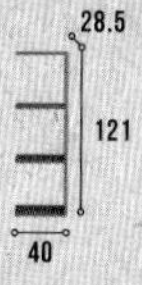

スタッキング
シェルフセット
3段×3列
ウォールナット材

スタッキング
シェルフ
追加3段
ウォールナット材

和 室

▶ P.088

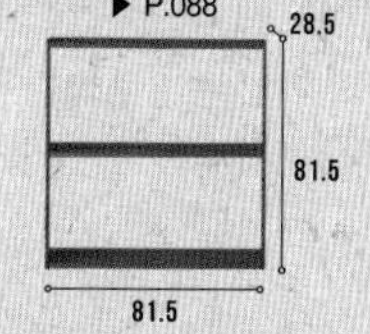

スタッキングシェルフ
ワイド・2段
ウォールナット材

娘の部屋

▶ P.100

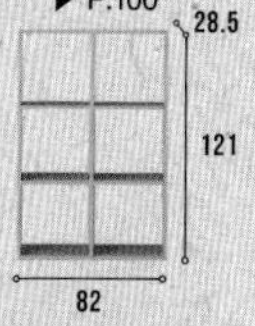

スタッキングシェルフセット
3段×2列
オーク材

寝 室

▶ P.092

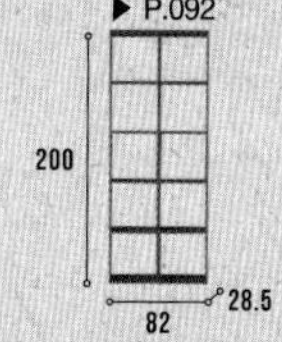

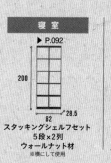

スタッキングシェルフセット
5段×2列
ウォールナット材
※横にして使用

家 具

和 室

▶ P.086

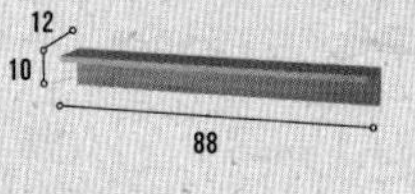

壁に付けられる家具・棚
幅88cm・ウォールナット材

和 室

▶ P.086

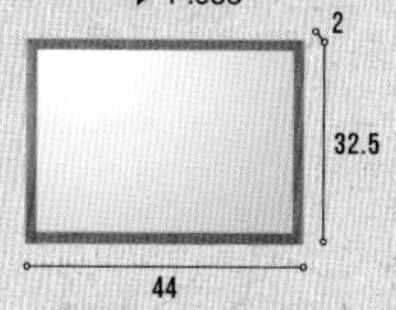

壁に付けられる家具
ミラー・小
ウォールナット材

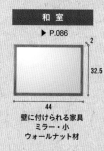

娘の部屋

▶ P.082

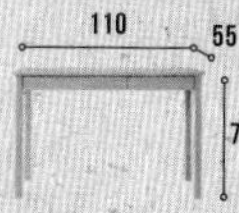

木製デスク
オーク材

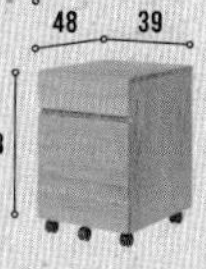

木製デスク
キャビネット
オーク材

娘の部屋

▶ P.082

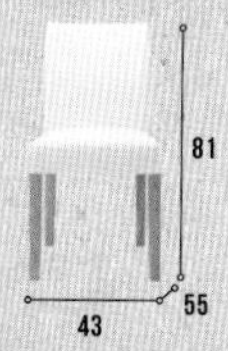

チェア（本体）・ナチュラル
※別売のカバー（ブラウン）を使用

スチールユニットシェルフ

P C スペース

▶ P.094

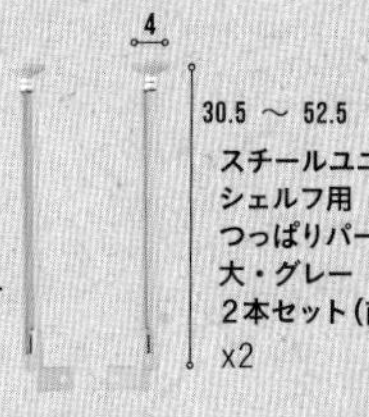

スチールユニット
シェルフ用
つっぱりパーツ
大・グレー
2本セット（前後）
x2

スチールユニットシェルフ用
スチールクロスバー・大・グレー x2

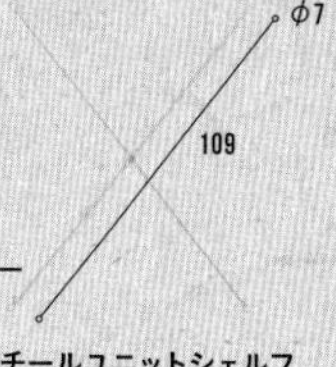

スチールユニットシェルフ
サイドパネル
大・ライトグレー x2

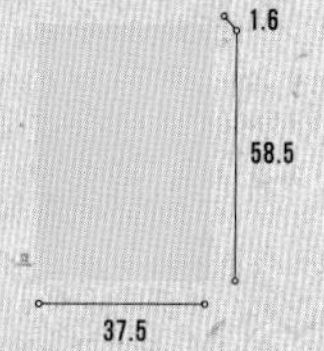

スチールユニットシェルフ
バックパネル・大・ダークグレー

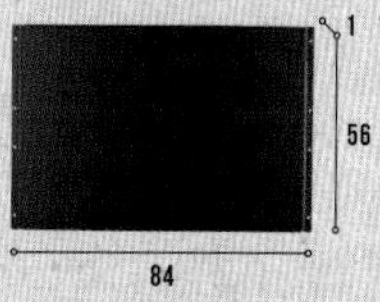

スチールユニットシェルフ
スチール追加棚・グレー x2

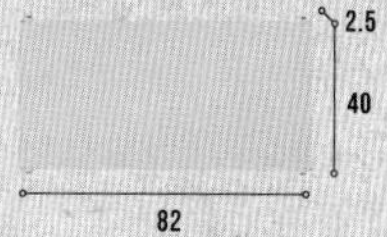

①
スチールユニットシェルフ
追加用帆立・特大・グレー
x2

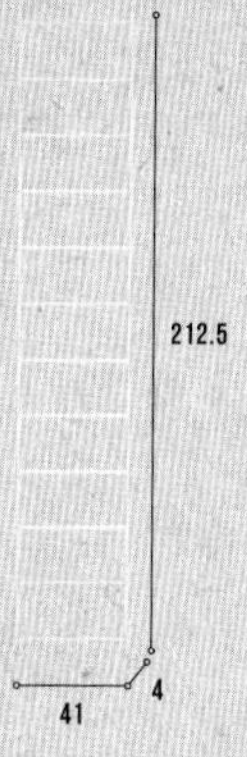

②
パルプボードボックス
スリム・5段／ベージュ

スチールユニットシェルフ用
帆立補強パーツ・グレー

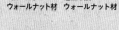

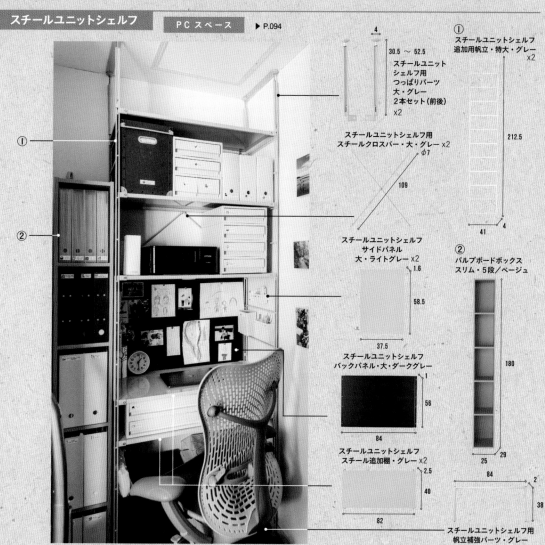

無印良品の使用item一覧 02

ダイニング&寝室のシェルフ

ダイニングのシェルフは大きく３回、
リニューアルしています。
無印良品の収納用品は決まった
寸法に基づいて作られているので、
使い回しがしやすいのがうれしいところ。
ダイニングで使っていて、
寝室に移動した物も多くあります。

※シェルフの情報は▶P.097

ダイニングのシェルフ

32 / 25.5 / 36
硬質パルプボックス
フタ式

31.8 / 10 / 27.6
ポリプロピレン
スタンドファイルボックス
A4用・ホワイトグレー

31.2 / 25.4
2穴ファイル 50mm
パイプ式
A4・ダークグレー

25.5 / 5 / 8.5
ポリプロピレン
整理ボックス2

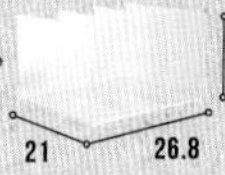
16 / 21 / 26.8
アクリル仕切りスタンド
3仕切り

9 / 5.5 / 4.5
アクリルペンスタンド

16 / 7 / 4.4
ポリプロピレン
めがね・小物ケース
スタンド式・大

9 / 37 / 26
ポリプロピレン
収納ラック・薄型

3.8 / 16 / 21 / 13.5
スチロール仕切りスタンド
ホワイトグレー 3仕切・小

17.5 / 37 / 26
ポリプロピレン
収納ラック・深型

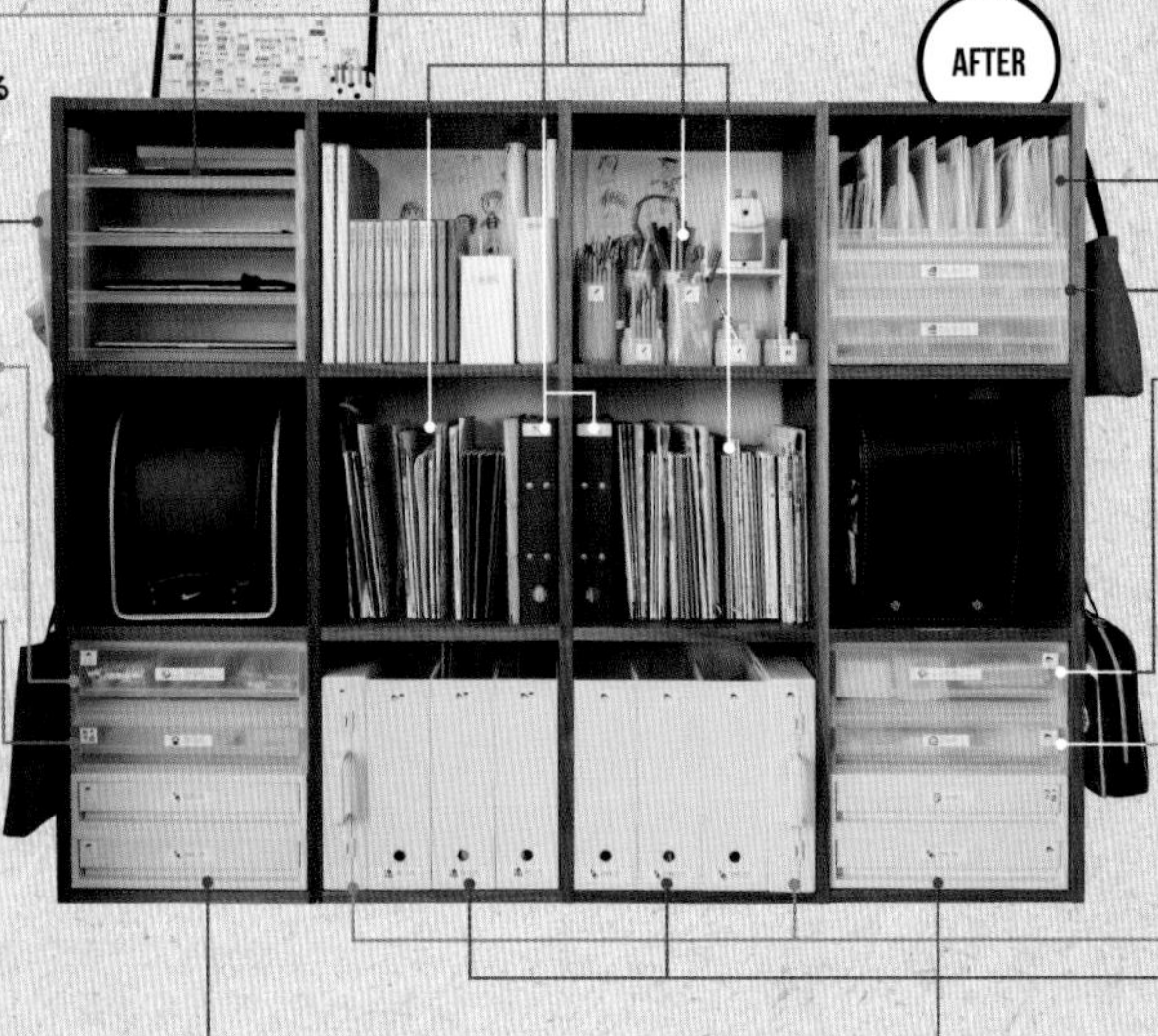

EVA吊るせる
ケース
▶ P.096

12 / 37 / 26
ポリプロピレンケース
引出式・横ワイド・浅型

9 / 37 / 26
ポリプロピレンケース
引出式・横ワイド・
薄型

ポリプロピレンケース
引出式・横ワイド・薄型

ポリプロピレンケース
引出式・横ワイド・浅型

31.8 / 10 / 27.6
ポリプロピレン
スタンドファイルボックス
A4用・ホワイトグレー

7 / 32 / 28
自立収納できるキャリーケース
A4用・ホワイトグレー

9 / 37 / 26
ポリプロピレンケース
引出式・横ワイド・薄型
ホワイトグレー

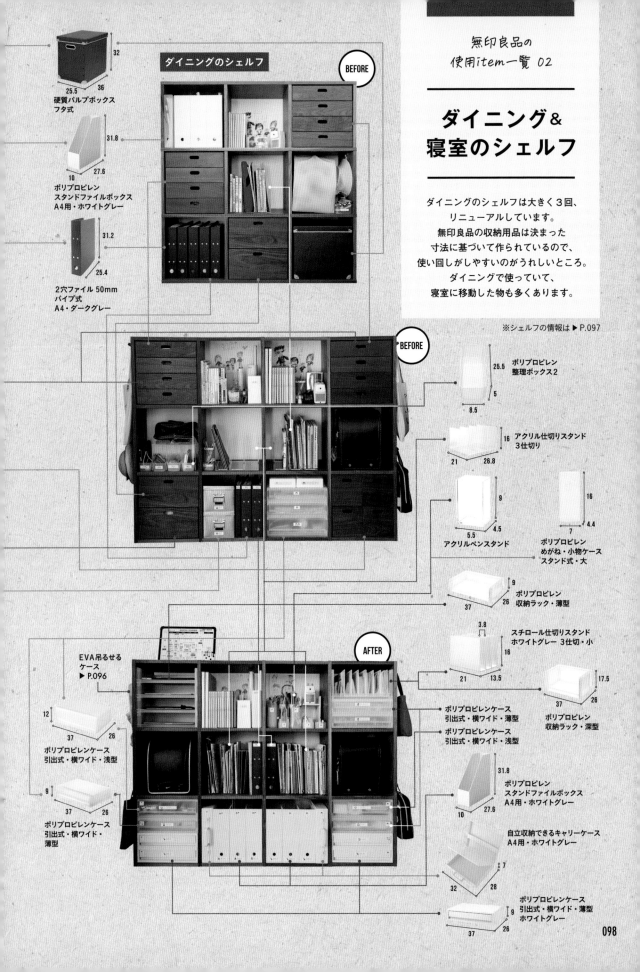

PCスペース

寝室のシェルフ

ポリプロピレン
キャリーボックス
ロック付・小・薄型

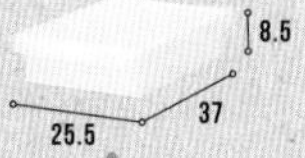

スタッキングチェスト
引出し・4段
ウォールナット材

スタッキングチェスト
引出し・4個
ウォールナット材

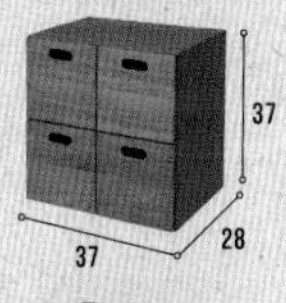

スタッキングチェスト
引出し・2段
ウォールナット材

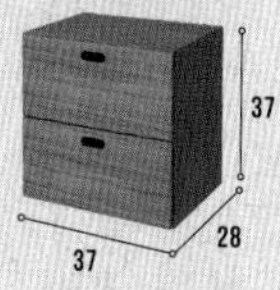

ベッド下の収納　※以前の状態

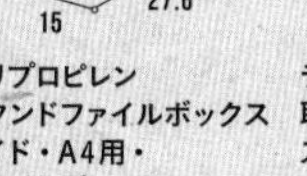

ダンボール・タテヨコ使える
フタ付きボックス・小
（3個入り）

トタンボックス
フタ式・小

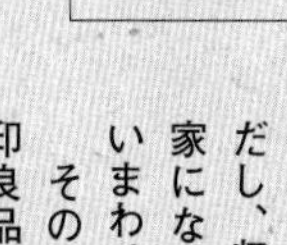

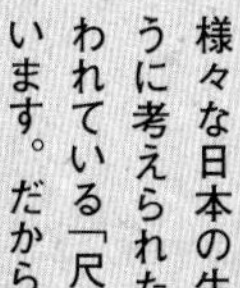

ポリプロピレン
スタンドファイルボックス
ワイド・A4用・
ホワイトグレー

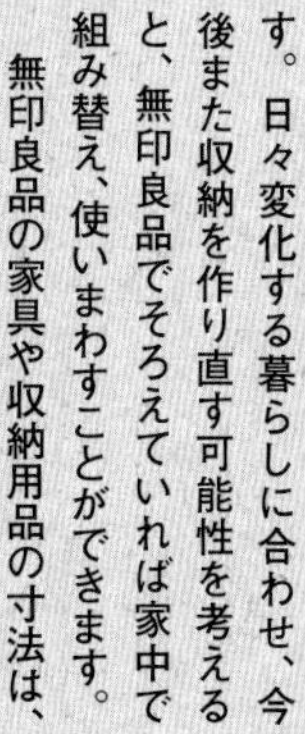

ラタンボックス
取っ手付・
スタッカブル

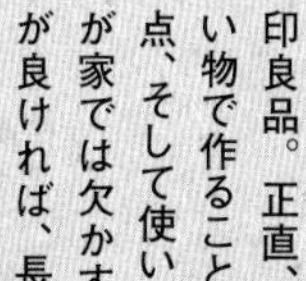

スタッキングチェスト
ハーフ・オープン
ウォールナット材

- 使いまわし（1回目）
- 使いまわし（2回目）
- 別の場所で使っていた物
- 新規購入

新しい収納場所を作ったり、収納方法や配置を見直してリニューアルしたりする時は、「今、家にある収納用品で作る」を基本にしています。ただし、収納する目的を考えた時に、今、家になくて必須の物があれば、長く使いまわせる物を新しく購入します。

その際、私がまず頼りにするのが無印良品。正直、無印良品よりもっと安い物で作ることもできますが、質が良い点、そして使いまわしができる点で、わが家では欠かすことができません。質が良ければ、長く使えることになります。日々変化する暮らしに合わせ、今後また収納を作り直す可能性を考えると、無印良品でそろえていれば家中で組み替え、使いまわすことができます。

無印良品の家具や収納用品の寸法は、様々な日本の生活空間に対応できるように考えられたもの。日本の住宅に使われている「尺」という寸法を基にしています。だから、間取りが違っても家具や収納用品がピタッと収まるんです。

収納用品を新しく購入する際は、まず計画を立ててトータルの予算を出します。例えば、現在のダイニングのシェルフを作るために新しく購入した物の費用は、トータル1万5490円。まとまると大きな額ですが、「この収納を1年、使ったら?」と考えて計算すると、1日40円で使えるんですね。心地いい暮らしを、1日40円で得ることができるならお安い！　そう思うと、大金を使うしろめたさを感じることなく、気持ちよく購入することができます。

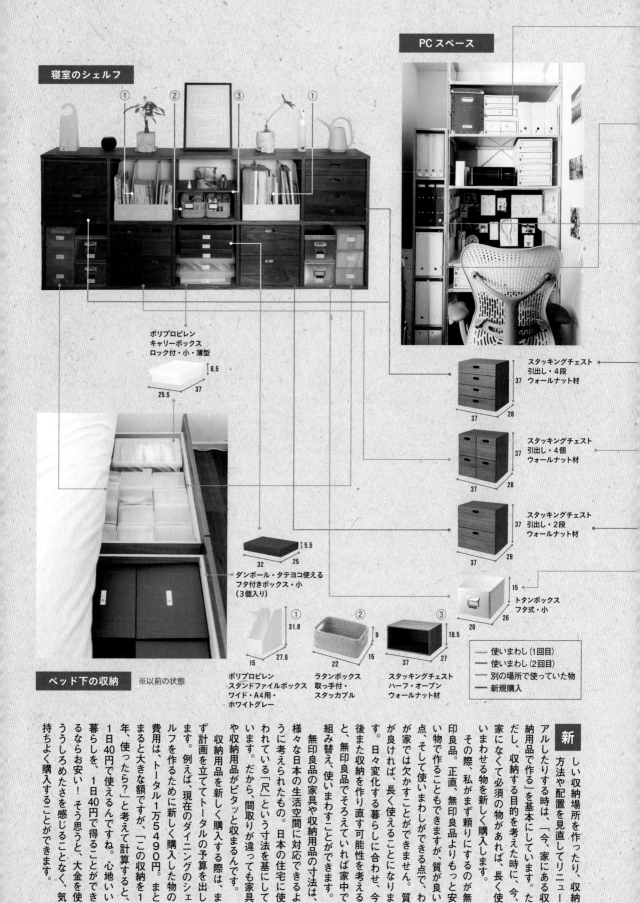

無印良品の
使用item一覧 03

娘の部屋のシェルフ

娘が小学校低学年の頃は、2段×3列で
使っていた無印良品のシェルフ。
娘の部屋にデスクやベッドを
新しく導入したため、置き方を替えて
スペースを取らない3段×2列に変更しました。
置く場所に合わせて
幅や高さを変えられるので便利です。

※シェルフの情報は▶P.097

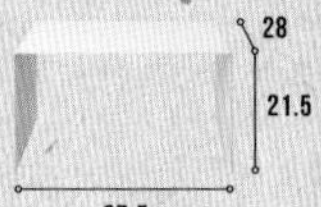

スタッキングシェルフ
コの字棚

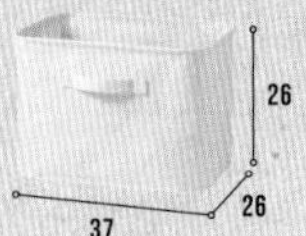

ポリエステル綿麻混
ソフトボックス・
長方形・中

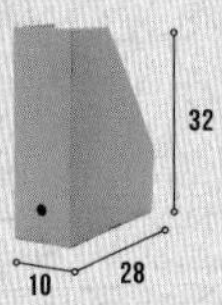

ワンタッチで組み立てられる
ダンボールスタンド
ファイルボックス・5枚組 A4用

ICHIKA'S COMMENT

将来は本棚になるかも？

以前（小学校低学年の頃）は、ぬいぐるみやおもちゃを飾る場所にしていたな〜。シェルフの上にいっぱい並べてたし、レゴやフィギュアとか小さい物が多かったから、コの字ラックで1マスを2段にしてディスプレイスペースを増やしていた。

今はシェルフを3段にして高くなったから、地震が起きた時のことを考えて上に物を置かないようにしてる。もっと本が増えれば、きっと私の中でレゴの順位が下がるから、その時は左上のマスに飾っているレゴを手放して本の置き場所にする。

クローゼット

よく使うバッグ入れとしてボックスを使用。以前のシェルフでもバッグ入れにしていました。

使用頻度の低い学用品のストック、習いごとアイテムなどをファイルボックスに収納。

娘の部屋で使っている収納用品や家具は、すべて娘と一緒に決めた物。私からは「布製のソフトボックスなら、軽くて持ち手も付いているから運びやすいね」「ダンボール素材のファイルボックスなら、軽いし落としても割れないね」などとアドバイスをしつつ、長く使える物を選びました。

娘が小学生の間は、時々で違う物が収納されたり、違う場所で使われたり。今後も、娘の部屋で使用することがなくなっても、自宅のどこかで必ず活躍してくれる。それが無印良品の収納用品や家具だよね、と娘といつも話してます。

CHAPTER 05

《お友だちの整理収納Interview《インタビュー》-15-》

小学生から高校生まで、みんな違ってみんないい！

Ⓜ = MOTHER（お母さん）のコメント
Ⓒ = CHILD（子ども）のコメント

全国のお友だちに、ご自身の大好きな部屋や収納のこだわり&ポイントをインタビュー。ご家族にも、今まで子どもたちにどのような声掛けやアドバイスをしてきたのかを教えてもらいました。15のご家庭それぞれの間取りや子どもたちの性格、好みによって収納用品や収納方法も色々です！

Let's interview!!

Thanks, everyone!!

INTERVIEW | 01

小学2年生の整理収納

二段ベッドが主役の部屋

FLOOR PLAN

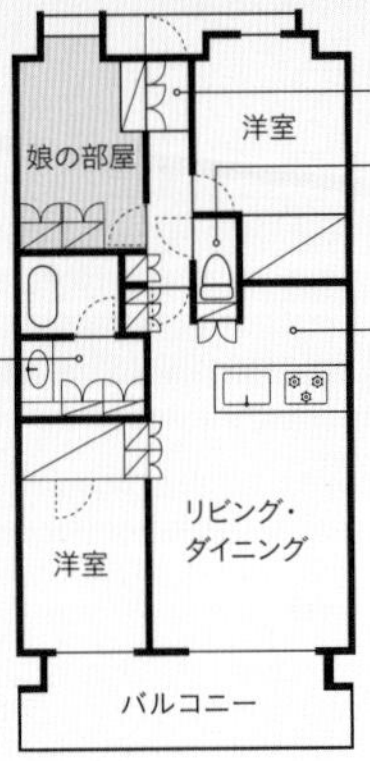

3LDK／マンション
父・母・長女(8)・長男(3)の
4人家族

PROFILE

Ⓜ 清江《きよえ》さん（母）

Ⓒ 心暖《こはる》さん（長女・8歳）

Ⓒ 渓《けい》さん（長男・3歳）

きれい好きな心暖さんはクラスの掃除係を担当。お母さんはプチプラアイテムで収納をリメイクするのが趣味で、雑誌のプチプラ大賞をもらったほどの腕前。最近は親子でDIYに挑戦中です。

Ⓜ 本当は二段ベッドを窓に沿って部屋の奥に配置したかったけれど、ベッドがギリギリ入りませんでした。どこに置くかをよく考えてベッドの寸法を測ればよかった…と、反省。

Ⓜ 子どもにとって、二段ベッドの下は秘密基地のような場所。お友だちが遊びに来た時は、みんなでベッドの下に入ってヒソヒソおしゃべりしていますね。

FROM MOTHER

「ベッドで、一人で寝たい」という娘の希望があり、小学校に上がるタイミングで娘の部屋を一緒に作りました。部屋が小さいので二段ベッドを探していたところ、大人の目線の高さで棚付きのシステムベッドを見つけて購入。万一、落ちた時にベッドが高過ぎると危ないし、ちょうどいい高さで圧迫感もありません。

01 教科書 etc.

どこに何を片付けたらいいのかわかるように、「しゅくだい」「きょうかしょ」などのラベルを棚に貼ってる。

よく使うから棚の一番上に。もうパンパンに入ってるから、下の段にも教科書を置くかも。

ICHIKA

この棚は、ちゃんと分けられる仕切り板が付いていて便利そう。高学年になると教科書が増えるけど、下の段も使えるから安心だね！

02 作品＆おもちゃ

昔、保育園で作った作品はケースに入れて、時々見てる。下の段にあるケース4つはおもちゃ。

おもちゃを入れているケースはセリアで買った「フタ付きプラBOX」。二段ベッドに合わせて白い色にしたよ。

YOKO

物の量と大きさに合わせて、サイズ違いのケースや形の違うボックスを使い分けているね！「見せる収納」にしたおもちゃがかわいい♪

03 絵本

ベッド側面のネット（本棚の右側）は、物を引っ掛けられるから便利。

ベッド下の奥にある本棚は、絵本コーナー。暗い時はライトを付けて読んでるよ。

ICHIKA

ベッド下、秘密基地みたいでいいな〜。並べて「しまう収納」と、表紙を見せて「飾る収納」の両方ができるこの本棚もいいね！

04 身の回りの物

ベッドの隣、棚の一番上はランドセル置き場。隣のボックスはポーチ入れ。

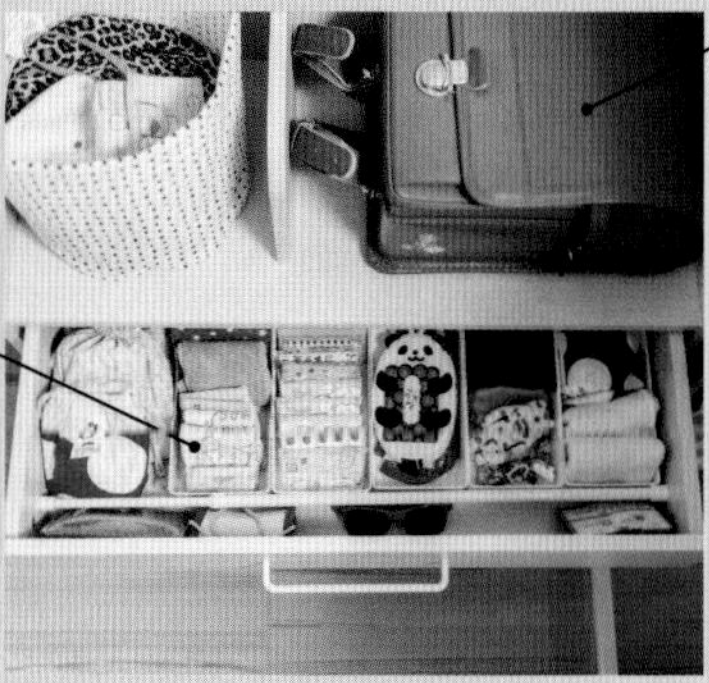

一番上の引き出しはハンカチ、ティッシュなど。中のケースが動かないようにつっぱり棒を入れてる。

YOKO

「動かない・探さない・時間がかからない」の三拍子がそろった収納！　出し入れしやすく、ケースが動かない工夫もよく考えられてるね☆

05 洋服

中段の引き出しは靴下・シャツ・パンツ、下段の引き出しはズボン・タイツ・パジャマ。

ケースが動かないようにクリップでとめてるよ。クリップには収納している物を書いたラベルを貼ってる。

引き出しの中で使っているのは、セリアの「整理収納仕切りケース」。洋服は取りやすいように立てて収納。

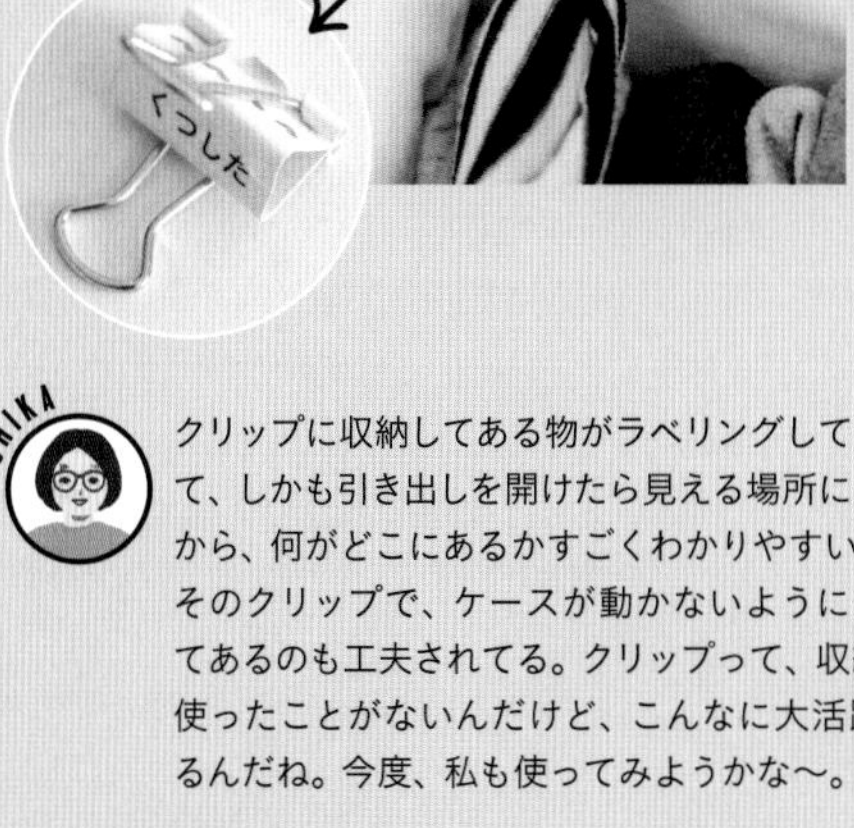

ICHIKA

クリップに収納してある物がラベリングしてあって、しかも引き出しを開けたら見える場所にあるから、何がどこにあるかすごくわかりやすい！　そのクリップで、ケースが動かないようにとめてあるのも工夫されてる。クリップって、収納に使ったことがないんだけど、こんなに大活躍するんだね。今度、私も使ってみようかな〜。

INTERVIEW | 01

小学2年生の整理収納
メイクも楽しめるデスク

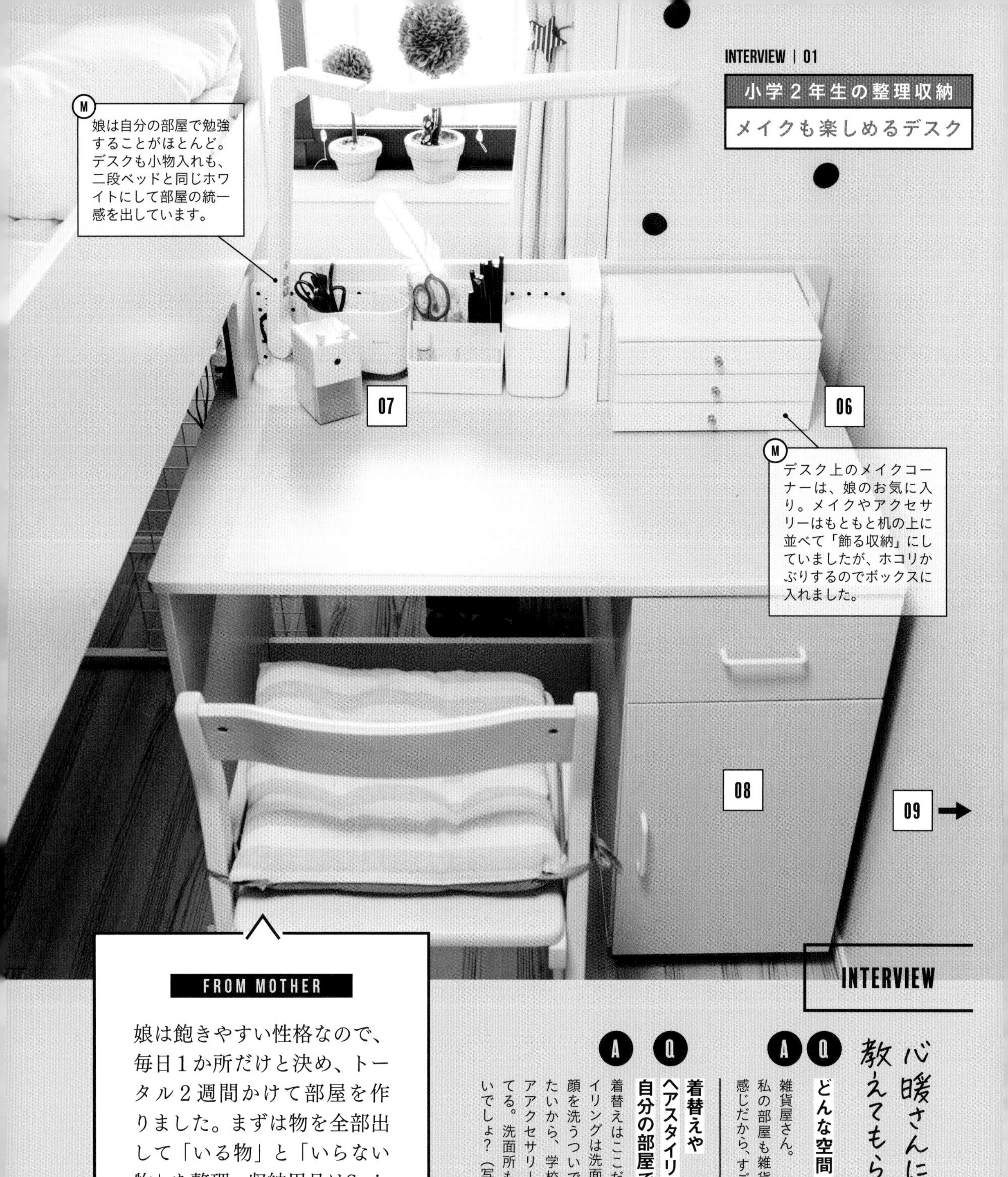

M 娘は自分の部屋で勉強することがほとんど。デスクも小物入れも、二段ベッドと同じホワイトにして部屋の統一感を出しています。

M デスク上のメイクコーナーは、娘のお気に入り。メイクやアクセサリーはもともと机の上に並べて「飾る収納」にしていましたが、ホコリかぶりするのでボックスに入れました。

FROM MOTHER

娘は飽きやすい性格なので、毎日1か所だけと決め、トータル2週間かけて部屋を作りました。まずは物を全部出して「いる物」と「いらない物」を整理。収納用品はSeriaやDAISOへ、ふたりで買いに行きました。一緒に物と向き合って整理収納すると、娘の性格がよくわかるのがおもしろいですね。部屋作りだけじゃなくて、子育てにも活かすことができます。

INTERVIEW

心暖さんに教えてもらったよ!

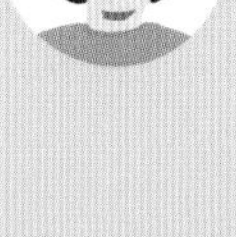

Q どんな空間が好き?

A 雑貨屋さん。私の部屋も雑貨屋さんみたいな感じだから、すごく気に入ってる。

Q 着替えやヘアスタイリングもぜんぶ、自分の部屋でやってるの?

A 着替えはここだけど、ヘアスタイリングは洗面所。顔を洗うついでに髪の毛を整えたいから、学校に着けていくヘアアクセサリーは洗面所に置いてる。洗面所も雑貨屋さんっぽいでしょ?(写真下)

06 メイク＆アクセサリー

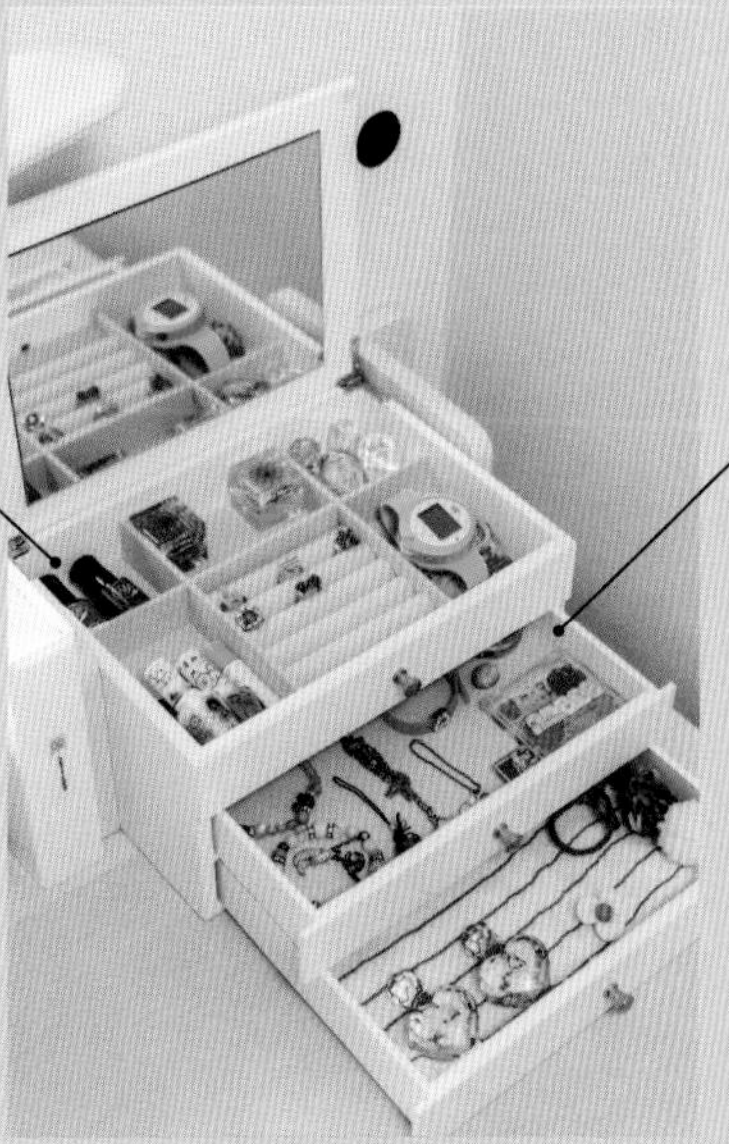

休みの日にイスに座って鏡を見ながら、メイクしたりアクセサリーをゆっくり選ぶ時間が好き。

仕切りのお部屋が広いから、アクセサリーを飾りながらお片付けができる！

ICHIKA

アクセサリーがたくさんあるのに全然ゴチャゴチャしてなくて、雑貨屋さんみたい☆　引き出しを開けるのが楽しくなる収納だね！

07 コンセント＆文房具 etc.

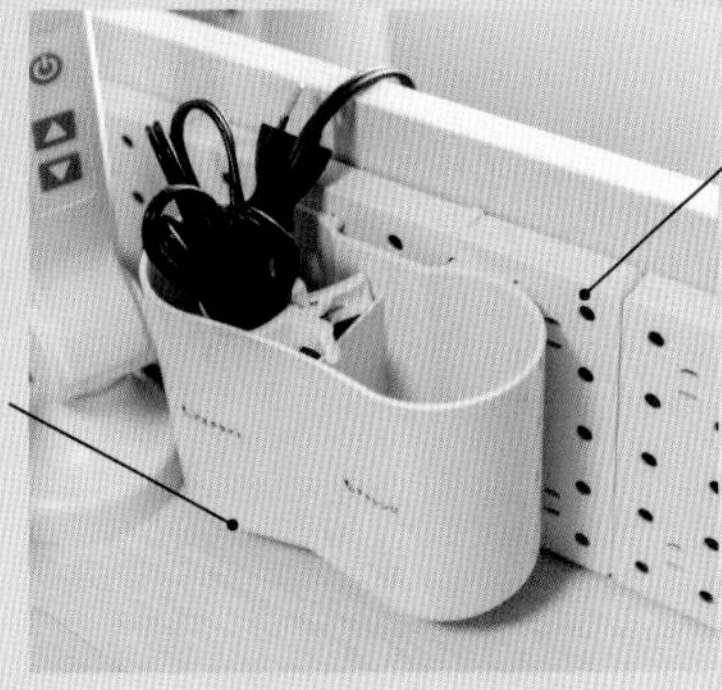

デスクにダイソーの「パンチングボード」をつけて、ケースを取り付けてる。

ケースを浮かせて取り付けるとお母さんが机の上を掃除する時にラクなんだって！

お友だちからもらった手紙は箱に入れて、いつでも見られるように。

鉛筆けずりや、よく使う文房具は立ててデスクの上に置いてる。文房具の横はフタ付きのゴミ箱。

YOKO

パンチングボードでケースを固定、物をどかさないで掃除できる工夫、よく使う物は出しっぱなしetc.アイデア満載のデスク収納だね！

08 いろいろボックス＆紙もの

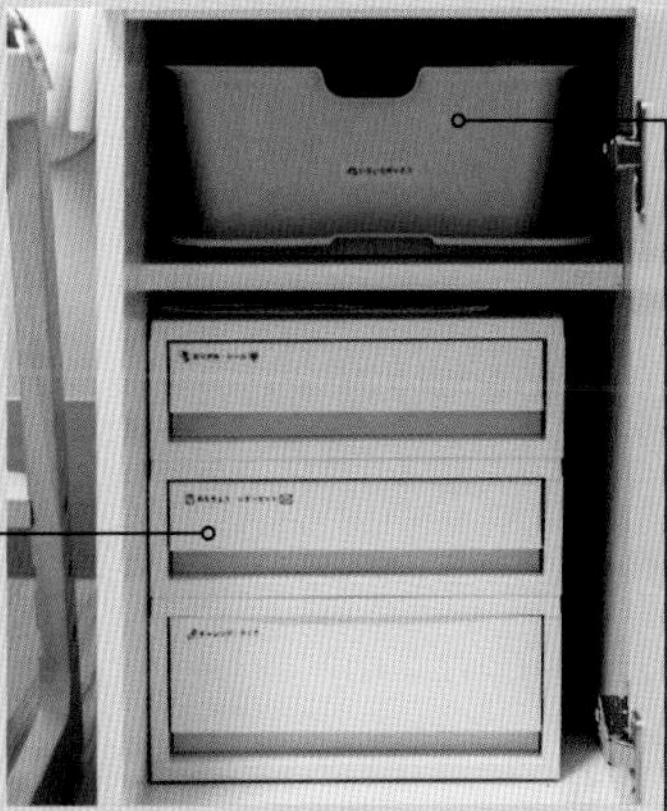

青いボックスは、なんでも入れていいところ。ボックスをのせているトレーが棚に引っかかって手を放しても落ちてこない。

よく使うレターセット、メモ帳、シール、スタンプは仲間分けして無印良品の引き出しに。

ICHIKA

物を仲間分けして引き出しに収納しておけば、使う時にラクだよね。「いろいろボックス」は、部屋が散らからなくて良さそう！

09 ピアノ

机の右側(二段ベッドの向かい側)にはピアノも置いてるけど、部屋は狭く感じない。

部屋の間取りとピアノの奥行がピッタリ！

YOKO

ピアノが部屋のテイストに合って、インテリアとして成り立っているね♪　ピアノを弾いている時、目に入る場所に飾りがあってステキ！

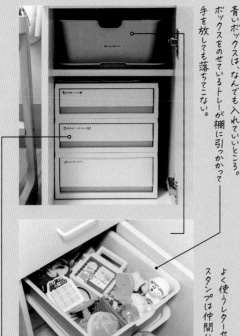

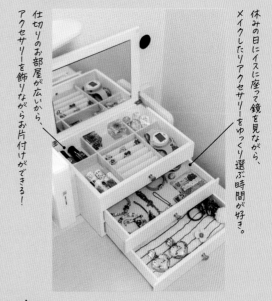

INTERVIEW | 02

中学1年生の整理収納

趣味＆勉強のゾーンを分けた部屋

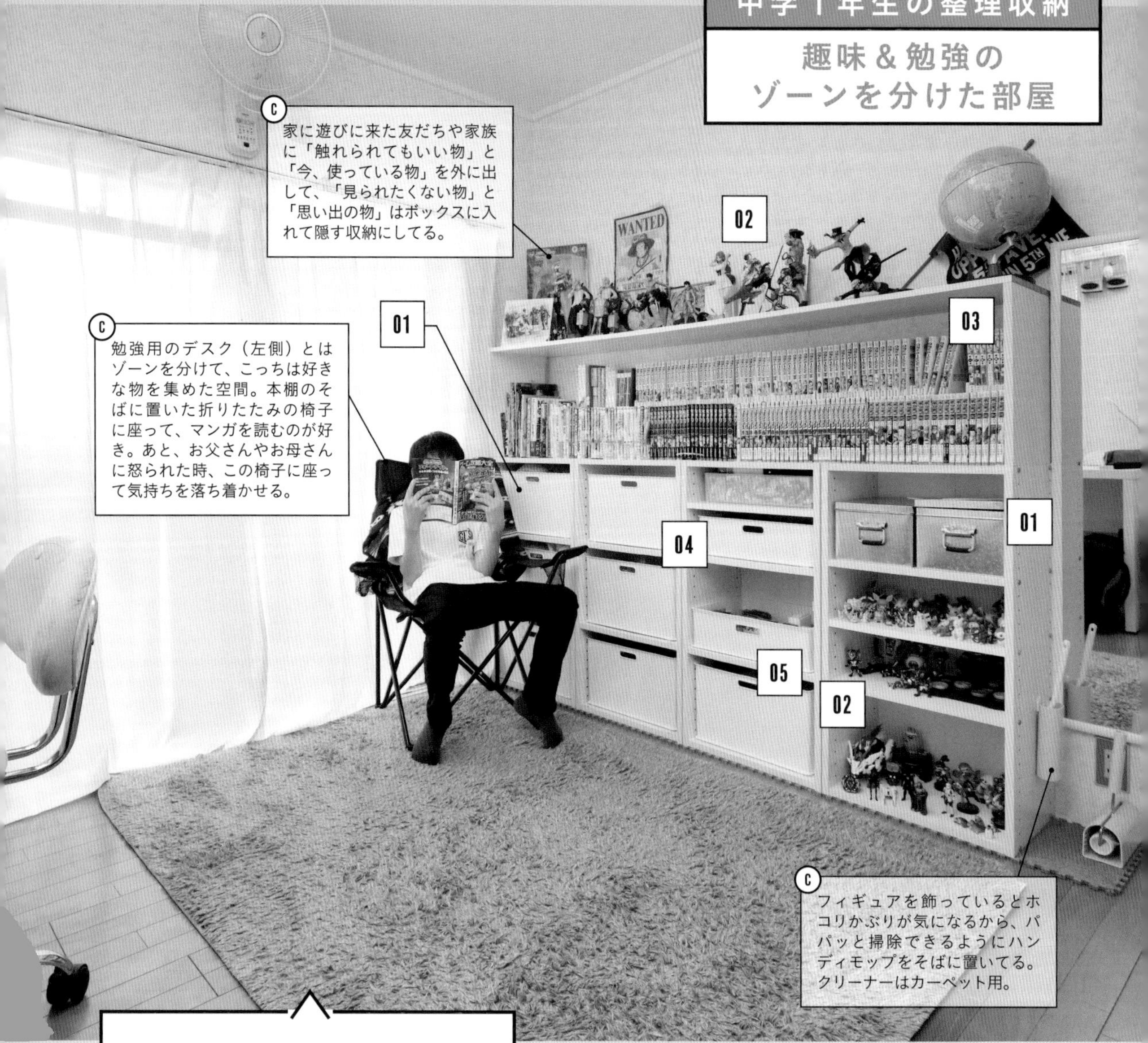

Ⓒ 家に遊びに来た友だちや家族に「触れられてもいい物」と「今、使っている物」を外に出して、「見られたくない物」と「思い出の物」はボックスに入れて隠す収納にしてる。

Ⓒ 勉強用のデスク（左側）とはゾーンを分けて、こっちは好きな物を集めた空間。本棚のそばに置いた折りたたみの椅子に座って、マンガを読むのが好き。あと、お父さんやお母さんに怒られた時、この椅子に座って気持ちを落ち着かせる。

Ⓒ フィギュアを飾っているとホコリかぶりが気になるから、パパッと掃除できるようにハンディモップをそばに置いてる。クリーナーはカーペット用。

FROM MOTHER

息子の部屋は、フィギュアやマンガを置いている本棚スペースと、勉強スペースの2つに空間が分かれています。本棚スペースは、「いつでも自分が笑顔で好きなことができる空間」を目的に、よく使う物は出し入れのアクション数を少なくし、好きなマンガは増やすことを想定して工夫しています。息子にとって「大好きな物に囲まれた自慢の部屋」です。

FLOOR PLAN

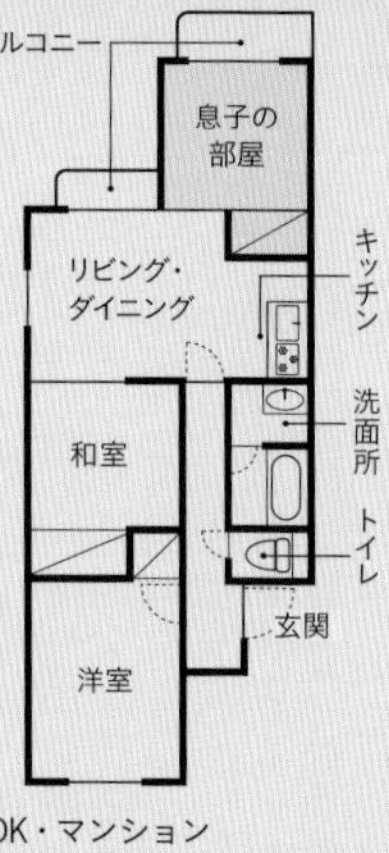

3LDK・マンション
父・母・長男（13）の3人家族

PROFILE

Ⓜマミーさん（母）　Ⓒゆうさん（長男・13歳）

ゆうさんはゲームやアニメ、絵を描くこと、読書が好き。親子で梶ヶ谷流の整理収納に魅せられ、思春期・反抗期に突入した今でも整理収納が親子のコミュニケーションのツールになっています。

01 思い出の物

小さいボックス2つには、友だちからもらった手紙を保管。中身が見えないようにフタ付き。

本棚の下のケース6つには、手放したくないおもちゃや人形を収納。

昔、集めていたメダルは、ひとつずつポケットに入れられるリフィルに入れて残してある。

YOKO

多くの人が、どこに収納しようか悩む「思い出の物」。いつでも手に取れる場所に大切に保管してもらって、きっと物も喜んでるね！

02 フィギュア

背の高いフィギュアは本棚の上、低いフィギュアは右の棚に。気に入ってるのは一番目立つところに。

本棚の横にハンディモップを掛けているから、ホコリが気になったらすぐ掃除できる！

YOKO

見ていて思わず笑顔になる収納！「飾る収納」はどうしてもホコリかぶりするけれど、その対策までしっかり考えられているね☆

03 マンガ

マンガは増やしたいから、ダイソーの「お助け本棚」を使ってたくさん入るようにしてる。

うしろに置いたマンガの背表紙（巻数）も、ちゃんと見える高さになっているのがこだわり。

ICHIKA

お助け本棚（46ページ参照）を使えば、こんなに見やすくてきれいに収納できるんだね。私もマンガが集まったら使って並べたいな〜！

04 カードゲーム

キャラクターの種類ごとに分類して、ダイソーの「積み重ねボックス」に入れてるよ。

上から見た時、なんの種類かわかるような向きでカードを並べてる（色でわかる）。

YOKO

取りやすいように、カードより高さのないケースを選んでいるんだね！　ボックスの幅にもピッタリで、収納計画の大切さが伝わります♪

05 プレイマット

外に持ち出す時、リュックに入れるんだけど、マットがつぶれないようにケースに入れてる。

無印良品のラップケースの刃を取った物。横からパカッと開くから出し入れしやすい！

ICHIKA

この収納を発見したのがすごい!!　マットがつぶれないような素材のケースを選んでいて、本当に収納作りが上手だなと思った！

中学1年生の整理収納

やる気が上がるデスクスペース

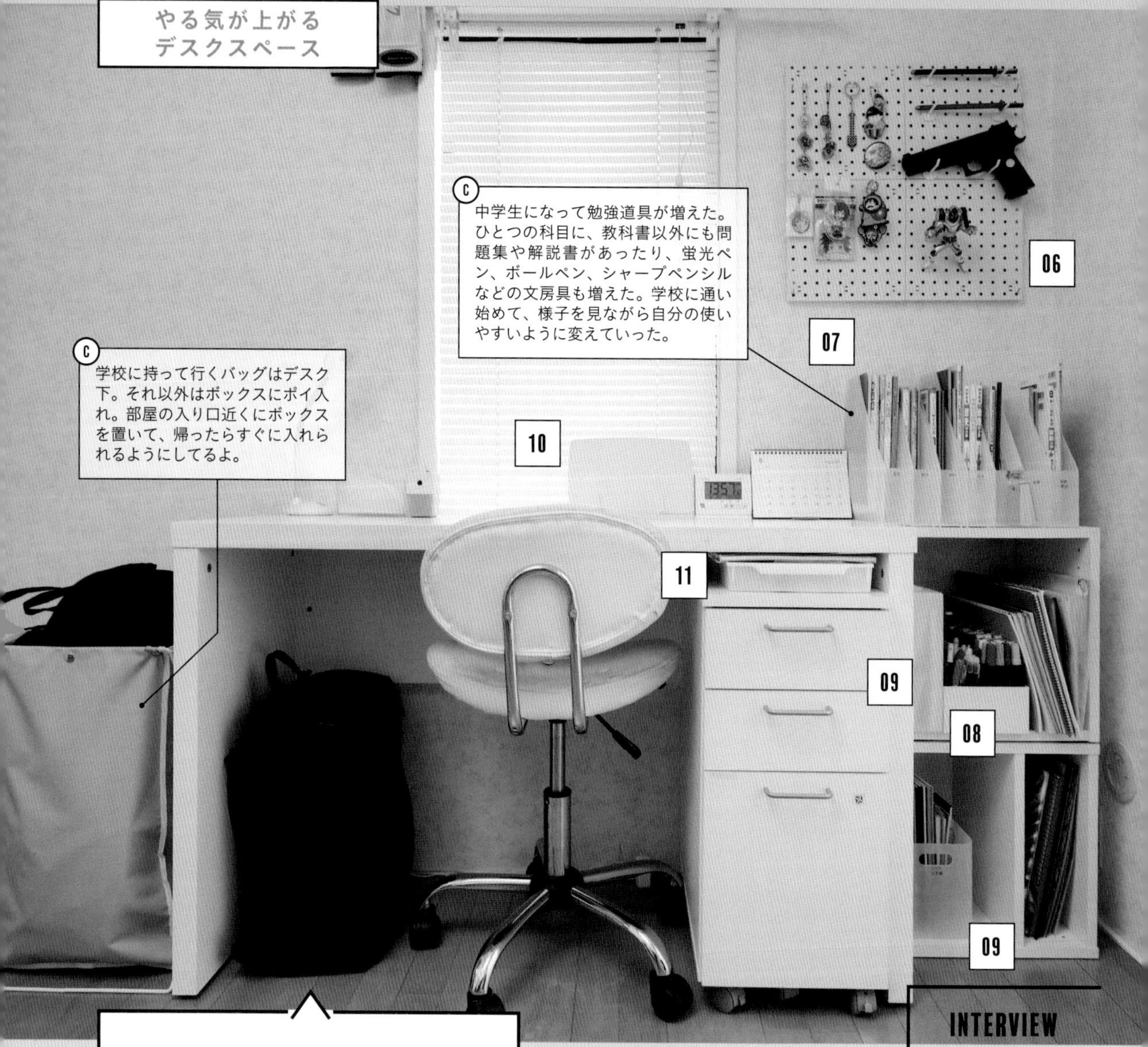
C
中学生になって勉強道具が増えた。ひとつの科目に、教科書以外にも問題集や解説書があったり、蛍光ペン、ボールペン、シャープペンシルなどの文房具も増えた。学校に通い始めて、様子を見ながら自分の使いやすいように変えていった。
C
学校に持って行くバッグはデスク下。それ以外はボックスにポイ入れ。部屋の入り口近くにボックスを置いて、帰ったらすぐに入れられるようにしてるよ。
06
07
10
11
09
08
09

INTERVIEW

FROM MOTHER

息子の部屋も家族共有スペースも、とにかく息子が自分で出し入れできるように、一緒に収納を作っています。きっかけは以前、私が体調を崩して入院したこと。当時、息子と夫は収納場所がわからず、苦労していました。その後、部屋の収納を意識するようになってから、息子は「こうしたい」と自分で考え、行動に移せるようになったと夫が言っていました。

ゆうさんに教えてもらったよ!

Q 片付けは好き?

A やるまでは「面倒くさいな」と思うけれど、やり始めたら楽しい。好きな物がきれいに片付いていくのとか、きれいになった場所を「次、どんなふうに使おうかな?」って考えるのが楽しい。

Q アドバイスをください。

A 中学生になると、小学生の時と比べて教科書とか部活の道具とか、一気に物が増えた。だから、その予定で色々準備したほうが安心だよ!

06 キーホルダー

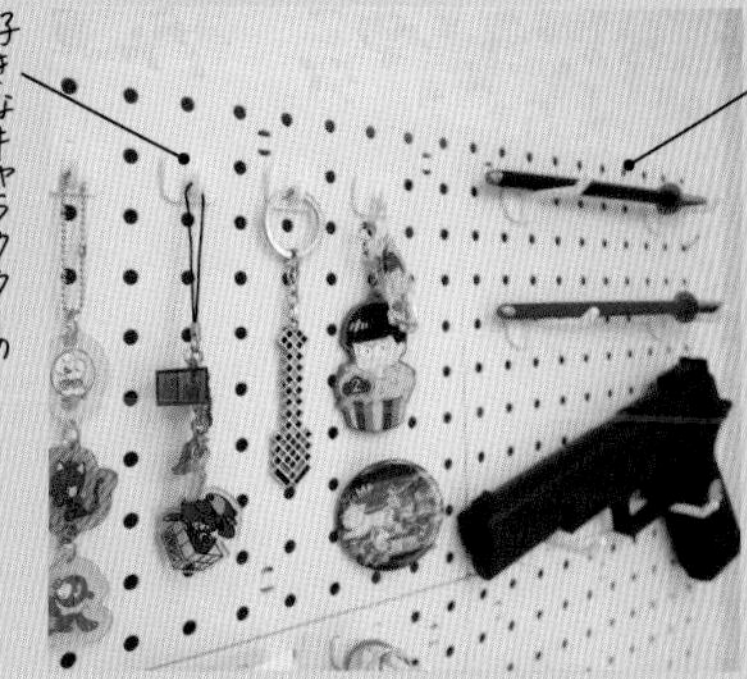

壁の広さに合わせて、ダイソーの「パンチングボード」を4つ並べてるよ。

好きなキャラクターのキーホルダーを壁に飾って、時々眺めて勉強のやる気を上げる！

YOKO

パンチングボード（48ページ参照）は連結できるのがいいよね！　フックに「掛ける」んじゃなくて、「物をのせる」のはナイスアイデア☆

07 教科書

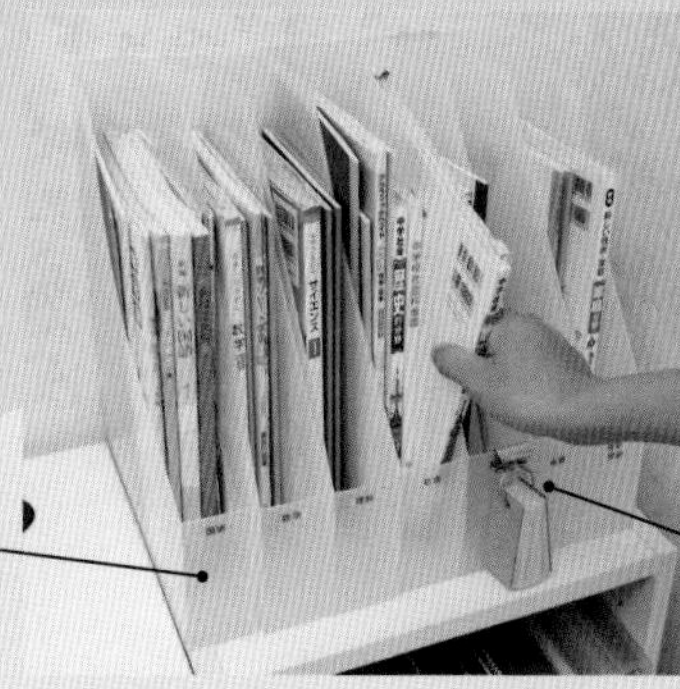

勉強に使う単語帳は、クリップの持ち手に引っ掛けてすぐ手に取れるように。

手前の立ち上がりがないと教科書が倒れるし、高過ぎると引っかかる。これは、ちょうどいい高さ。

ICHIKA

幅が狭いファイルボックスは、教科が増えた時にそれぞれ分類して収納できるから便利そう。中学生になったら私も見直したいな！

08 文房具

コピックやノート、スケッチブックなど、絵を描く道具をまとめて収納。

ペンは出し入れと持ち運びがしやすいように無印良品のキャリーボックスに立てているよ。

YOKO

「どこで使うのか」を考えて持ち運べる収納用品を選んでいるのは、「自分の行動」や「自分に合った収納」がわかっている証拠！

09 資料＆ストック

映画のポスターなど、絵を描くための参考資料をまとめて無印良品のキャリーケースに。

ノートやメモ帳のストック、たまに使う本は2段目に。右側はクリアファイルのストック。

YOKO

注目したのは、同じ棚を横（**08**）と縦（**09**）で使い分けているところ！　こっちは縦にして、仕切り板が左右の分類に生かされてるね！

10 デスクの上

奥行が狭い机だから、教科書は立てられるようにしてノートを開くスペースを作ってるよ。

ダイソーの「タブレットスタンドにも使える読書台」は、色々な角度に調整できるから便利。

YOKO

ノートを広げるには案外、スペースが必要だよね。タブレットスタンドを使った空間活用術は、多くの子がマネしたいんじゃないかな！

11 なんでも BOX

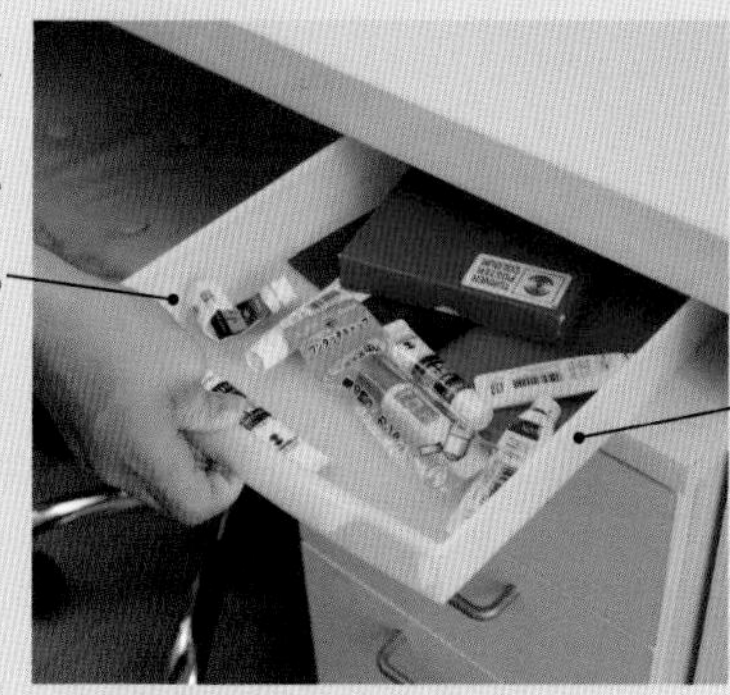

机と引き出しの隙間にケースを入れて、置き場所がない物や一時置きに使ってる。

これのおかげで、ポイッと置いてしまうことがなくなって部屋が散らからなくなった！

ICHIKA

私の部屋には「なんでもBOX」がなくて、最近、机の上にポイポイ物を置いちゃって散らかることが多くなったから取り入れたい！

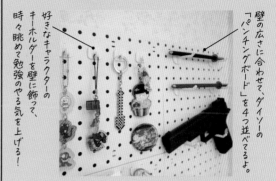

INTERVIEW | 03

小学4年生の整理収納

収納でスッキリを実現した弟の部屋

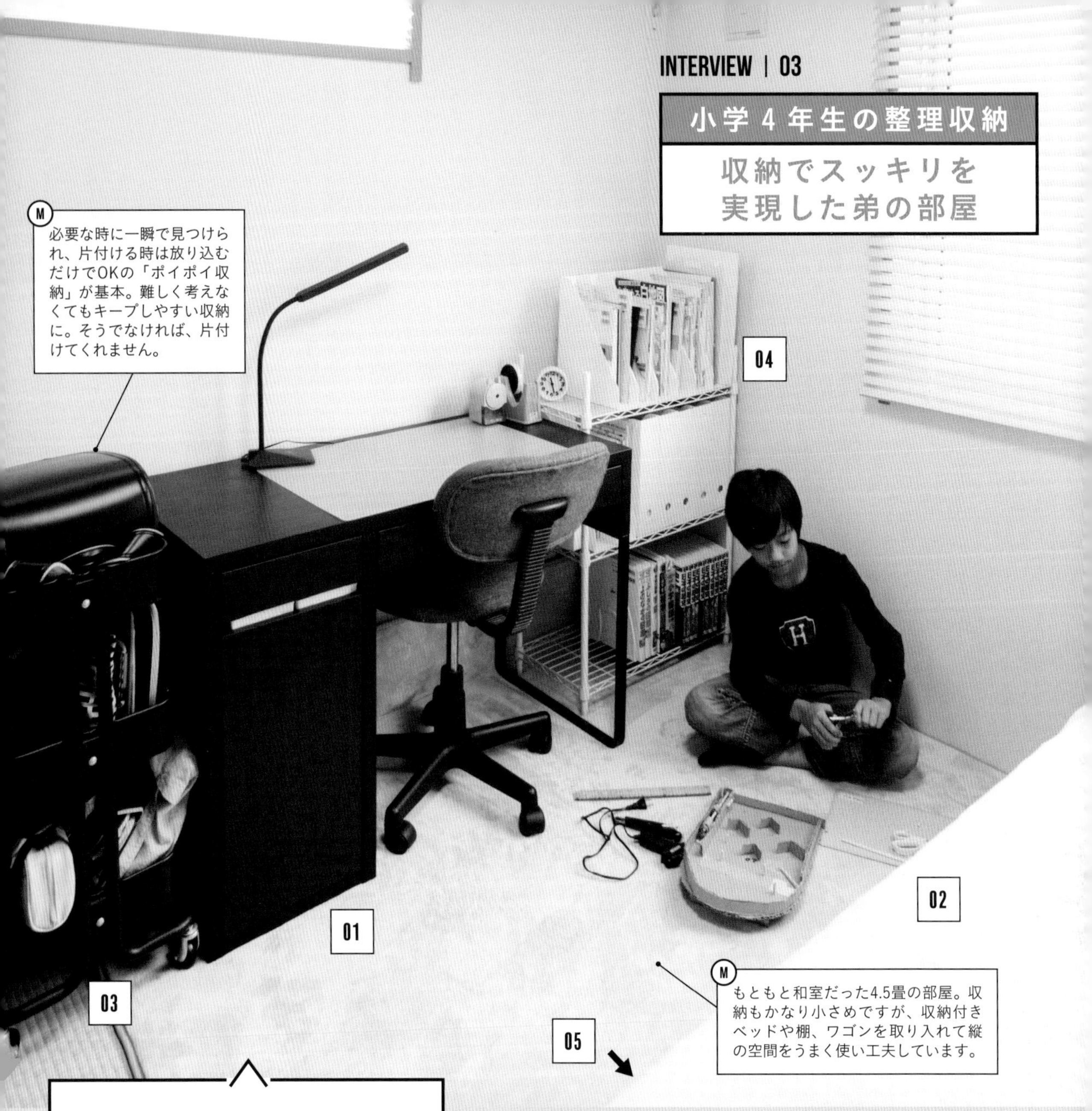

M 必要な時に一瞬で見つけられ、片付ける時は放り込むだけでOKの「ポイポイ収納」が基本。難しく考えなくてもキープしやすい収納に。そうでなければ、片付けてくれません。

M もともと和室だった4.5畳の部屋。収納もかなり小さめですが、収納付きベッドや棚、ワゴンを取り入れて縦の空間をうまく使い工夫しています。

FROM MOTHER

以前、息子たちが学校に着て行く洋服は毎朝、私が準備していました。ですが、ベッド下の引き出しに洋服を入れるようにしてからは自分たちで選んでくれるようになり、可視化できる収納の重要性を実感。自分で洋服の管理ができるようになったので、「こういう服はまだ持っていないから買って」など、似たような物を欲しがることもなくなりました。

FLOOR PLAN

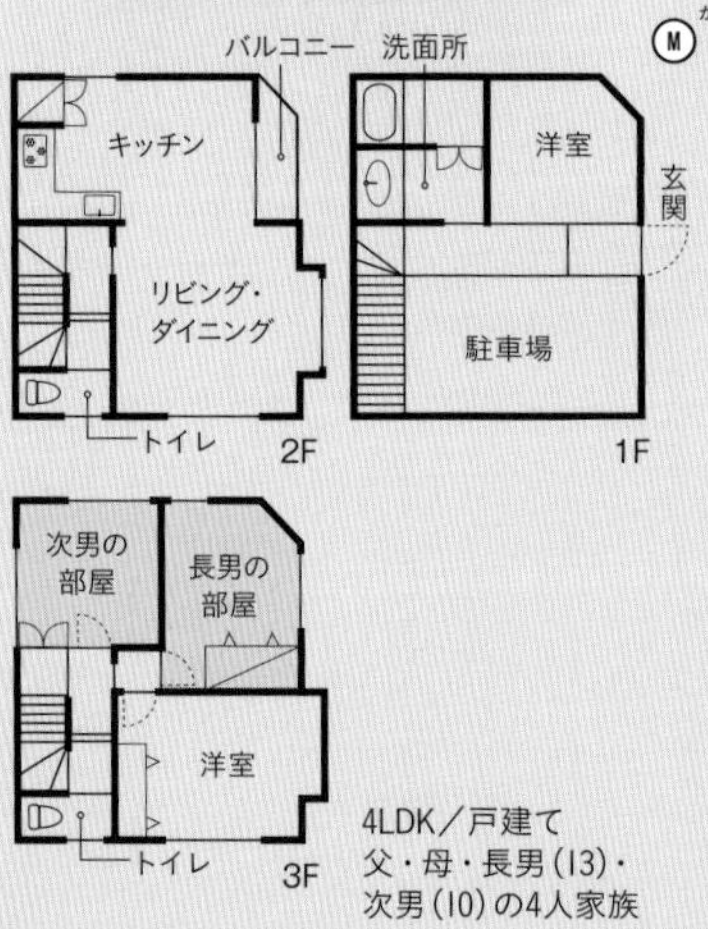

4LDK／戸建て
父・母・長男（13）・次男（10）の4人家族

PROFILE

M 要《かなめ》めぐみさん（母）　M 要《かなめ》夏樹《なつき》さん（父）

C ひさきさん（長男・13歳）　C あおいさん（次男・10歳）

長男のひさきさんはマンガや本が好きで、クローゼット内に「My図書館」を設置。次男のあおいさんは、地域のサッカー教室に通うスポーツ大好き少年。お母さんは整理収納アドバイザーとして活動中です。

01 サッカーのウェア etc.

上段のケース2つはサッカーのウェア。シャツとパンツでケースを分けて入れてる。

ケースの中に丸めて入れる感じ。重なっていないから見やすくて、着て行く物を選びやすい。

中段のケースはそれぞれ「おりがみ・工作グッズ」と「色ペン・クレヨン」。その下のケースはひみつ。

使う目的に合わせた分類でわかりやすい！ これならサッカーの準備もスムーズにできるね☆棚の幅と奥行に合ったアイテム選びも上手！

02 洋服

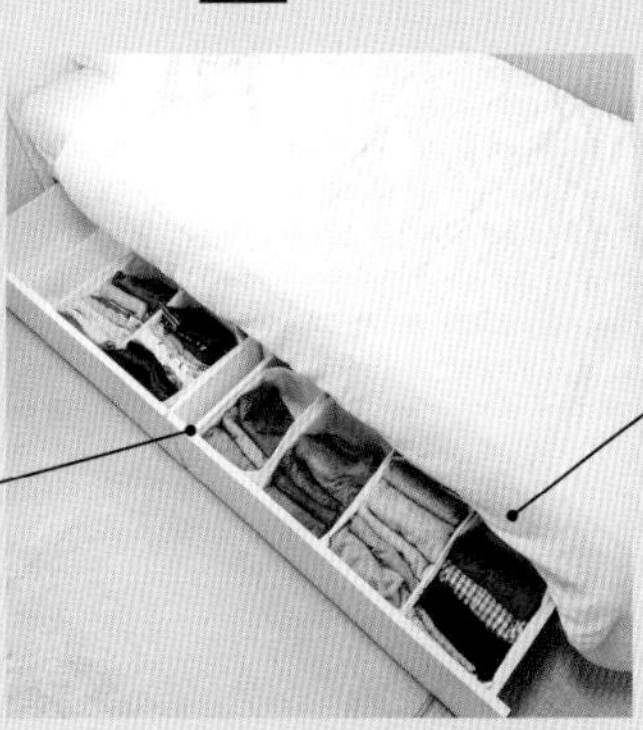

収納付きベッドに秋冬と春夏で分けて入れてる。1か所にまとめているから衣替えがなくてラク。

中で洋服を仕切っているのは、無印良品の「高さが変えられる不織布仕切ケース」。

私はベッド下を本の収納に使っちゃっているけど、1年ぶんの洋服が入るなんて驚き。洋服をまとめて見られて、選ぶのもラクそう！

03 通学グッズ

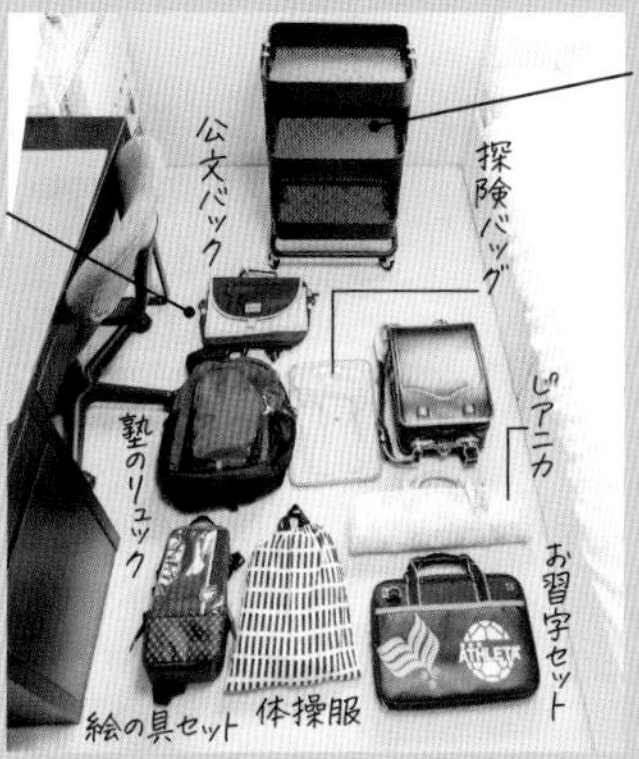

ワゴンに学用品をぜんぶまとめたら、一気に確認できて忘れ物が減った。

それぞれバッグに入れた状態で収納しておけば、そのまま学校に持って行ける！

このワゴン、使いやすそう。移動もラクにできるし、黒色で部屋に合っていてかっこいい！

04 教科書＆教材 etc.

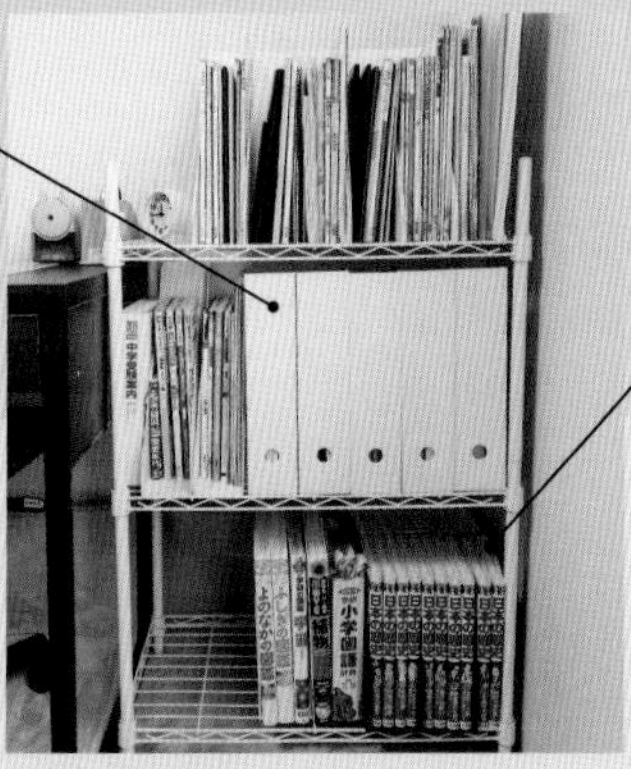

一番上は教科書、2段目はお兄ちゃんからもらった受験用の教材、3段目は図鑑や辞典。

受験用の教材は、今はまだ使っていないからファイルボックスごと裏返して置いてる。

同じ収納用品でも「今、使っている物」と「そうでない物」で、収納方法を分けていてお見事！

05 おもちゃ

ベッドの足元に置いてる大型銃（ナーフ）。よく見えるようにファイルボックスに立てて入れてる。

ファイルボックスに立てればガチャガチャしないし、部屋のスペースも取らない。

わが家の息子もナーフに興味津々。これならコンパクトになって見て楽しむこともできるね！

中学1年生の整理収納

「My図書館」が自慢のお兄ちゃんの部屋

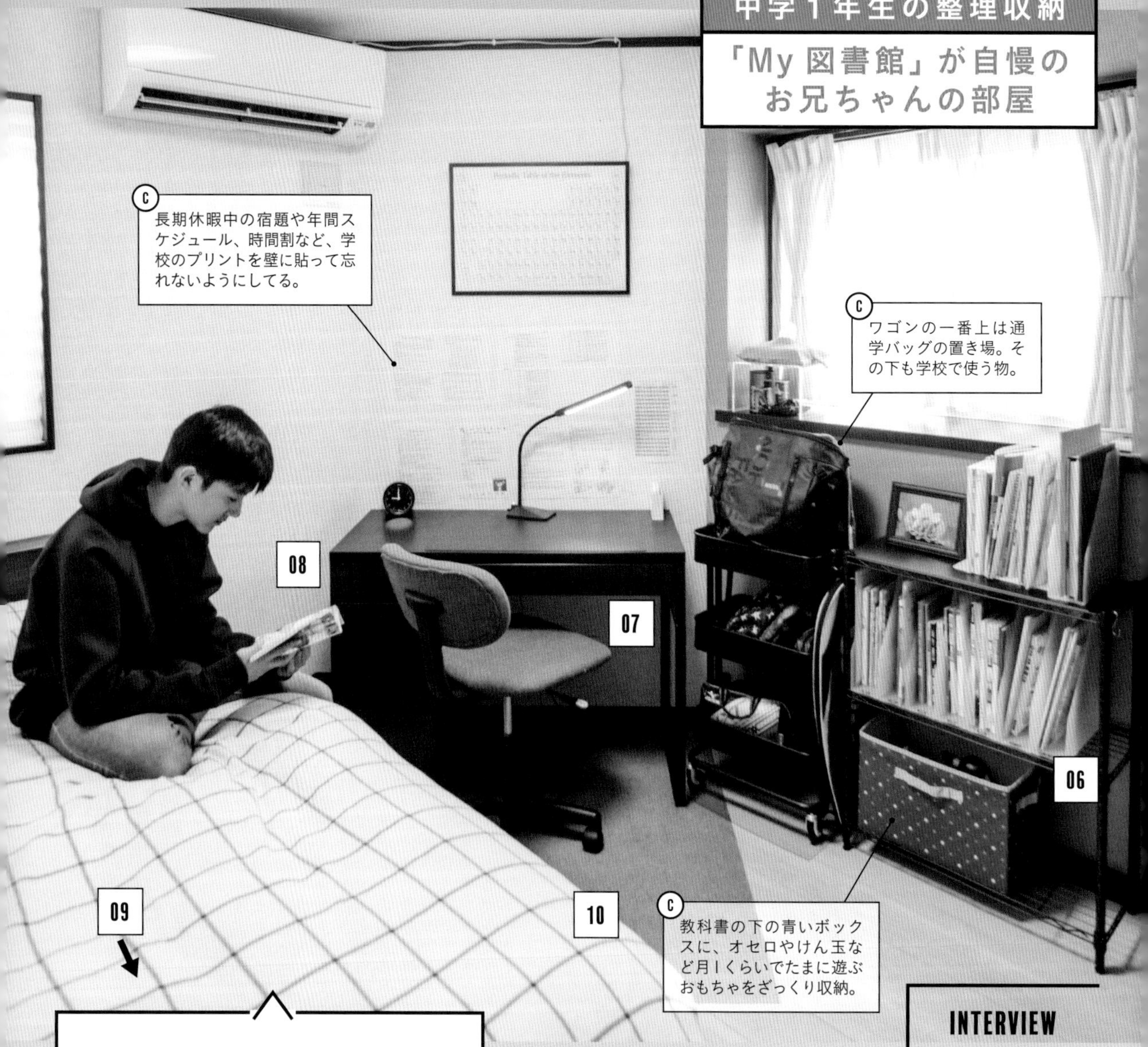

C 長期休暇中の宿題や年間スケジュール、時間割など、学校のプリントを壁に貼って忘れないようにしてる。

C ワゴンの一番上は通学バッグの置き場。その下も学校で使う物。

C 教科書の下の青いボックスに、オセロやけん玉など月1くらいでたまに遊ぶおもちゃをざっくり収納。

FROM MOTHER

昔は兄弟ふたりとも、とにかく脱ぎっぱなし&やりっぱなし。そこで「片付けて！」ではなく、何をどこに戻してほしいのか、毎回、片付ける場所まで具体的に伝えるように。それから3年ほどで、ようやく自分たちで片付けるようになりました。上の子はある程度ためて片付けるタイプ、下の子はためらわずに手放すタイプ、異なる性格を尊重することも意識しました。

INTERVIEW

ひさきさん&あおいさんに教えてもらったよ！

Q どんな時に掃除する？

A ひさきさん▼テストが終わったあと。テスト期間中は勉強している状態のままにしたい。
あおいさん▼工作グッズであふれて、ベッドの上しか座るところがなくなった時。

Q アドバイスをください。

A ひさきさん▼中学生になると、小学生の時と比べて教科書や資料が2倍くらい増えて物があふれる。だから、何かほしいと思ってもすぐに買わないこと。僕は買い物の失敗もしたくないから、何十件と口コミを読んでから買うようにしてる。

06 教科書＆ノート

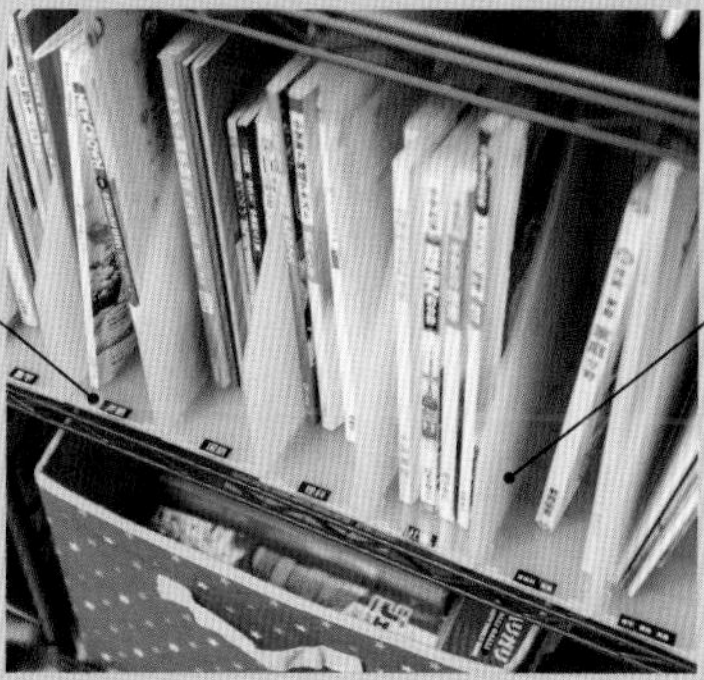

重たくて倒れにくく、色が変色しにくいので気に入ってるファイルボックス。

立ち上がりがないから戻しやすい!! 教科ごとにラベリングして分類。

ICHIKA

しっかりしたファイルボックスだと安定するからいいな！　仕切りも多くて、教科ごとに分類するのにちょうど良さそう〜！

07 文房具

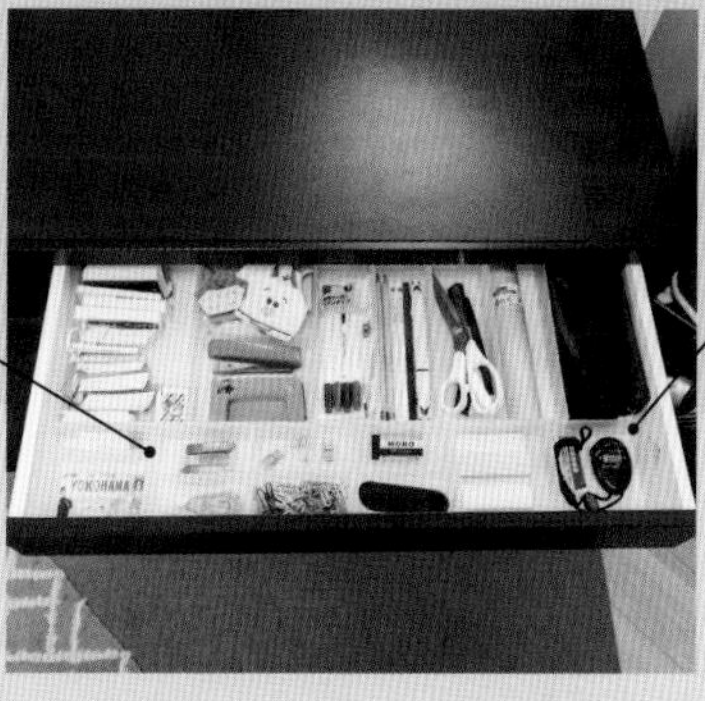

無印良品の「デスク内整理トレー」を11個使用。引き出しにぴったり収まって隙間がない。

整理トレーを使おうと思ったのは、物が多くてあちこち散らばらないようにしたかったから。

YOKO

計算し尽くされた引き出し！　中に入れる物を明確にして収納計画を立てないと、こんなにピッタリにはならない。お見事です！

08 名もなき物

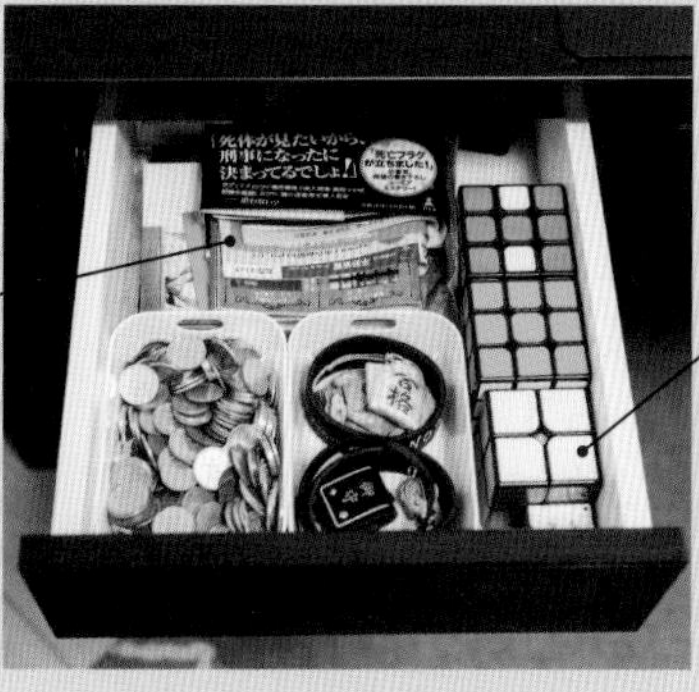

引き出しの中は小銭の他、受験の時のお守りやキューブのおもちゃ、本の帯など手放せない物ばかり。

マンガは帯を外して本棚にコレクション。帯もおもしろいから手放さず残してたまに見てる。

YOKO

「手放せない物は、どうしたらいい？」って悩む人も多いけど、ひさきさんのように手放せない物専用の収納場所を作ると解決するね！

09 本

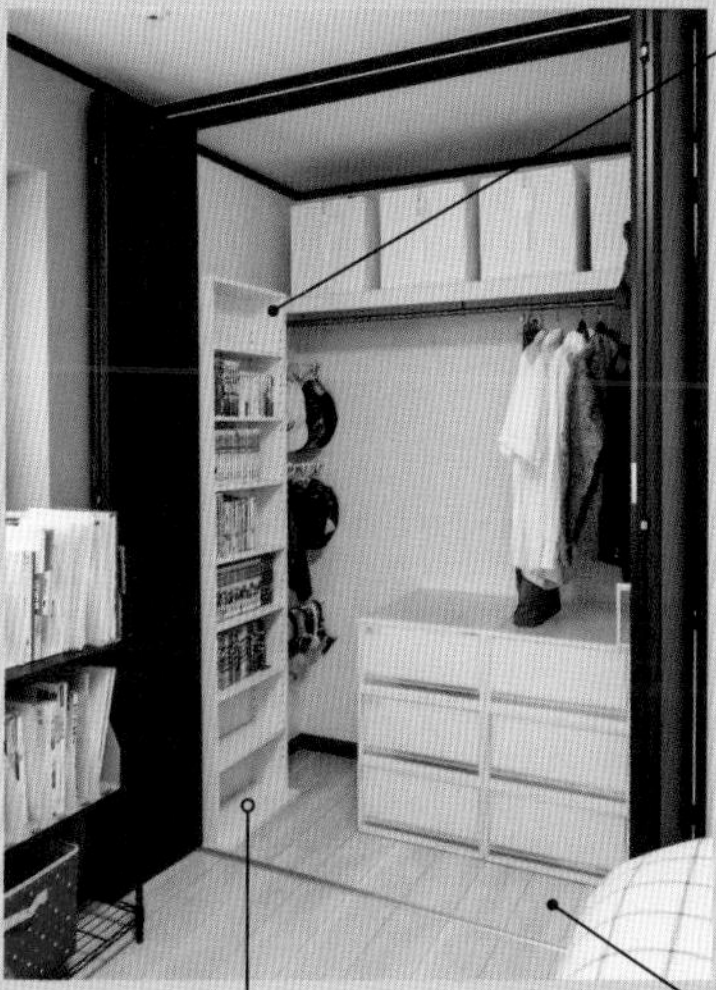

「MY図書館を作りたい」と思い、200冊以上収納できる本棚をネットで探して買ってもらった。クローゼットの寸法をミリ単位で測って、棚がピッタリハマッた時はめちゃくちゃうれしかった！

コレクションのマンガを眺められるように、いつもクローゼットの扉は片方開けっ放し。

部屋に本棚を置くと圧迫感が出るからあえてクローゼットの中に設置しようと思った。

YOKO

開け閉めのジャマにならないし、つっぱり棒で隣の空間も活かされているという工夫が詰まったクローゼット！　本好きの一花が釘付けです♪

10 思い出の物

昔、好きで集めていた手品グッズは手放したくないから、ベッド下の収納に入れて保管。

YOKO

ボックスに分類して、ベッドの板を外した時に見える場所にラベリング！　これだとゴチャつかないし、「どこだっけ？」も防げるね☆

INTERVIEW | 04

高校1年生の整理収納

大好きなスニーカーに囲まれた部屋

Ⓒ 新しいスニーカーが増えて収納する場所がなくなった時は、古いスニーカーを売って手放す。大事に飾ってあるので、ほとんど傷んでいない状態。

Ⓜ 昔は派手な持ち物が多くて部屋もガチャガチャしていました。自分で収納を工夫するようになってからは、シンプルでスッキリした部屋になりましたね。

Ⓜ 息子にとって、お気に入りの空間はイコール好きなスニーカーに囲まれた空間。自分の部屋にベッドを入れて、ひとりで寝るようになったのは中学1年生の頃からです。

FROM MOTHER

昔から器用な父親と一緒にプラモデルを作って遊んでいたためか、工作が好きで最近はますます腕を上げているな〜と思います。壁を使ってスニーカーを飾った時は、その発想に驚きました。飾るために、自分でマメに洗うようになったのも良かったですね。父から海外出張のお土産でもらったスニーカーを、今もずっと大事に飾っているようです。

FLOOR PLAN

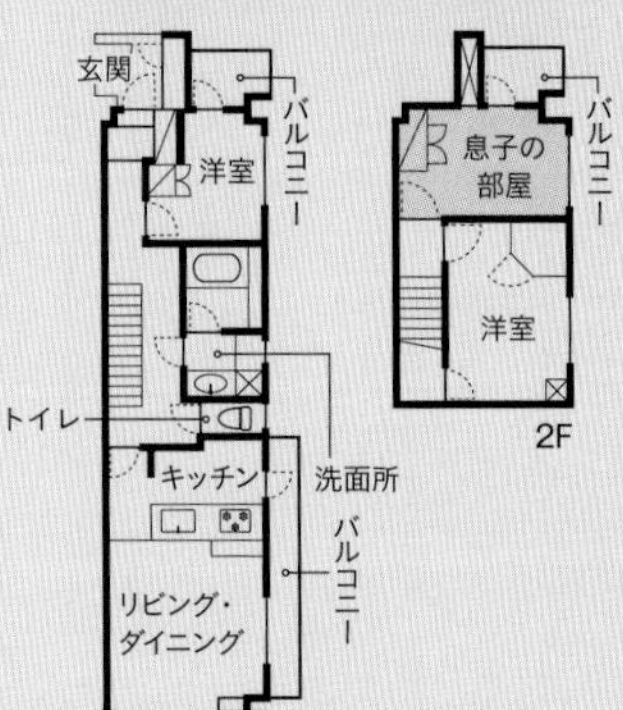

3LDK・マンション
父・母・長男（16）・長女（9）・次男（7）の5人家族

PROFILE

Ⓜ ほそこし まちこさん（母）

Ⓒ 祈吏《いのり》さん（長男・16歳）

祈吏さんは、3人きょうだいの長男。アパレル関係の仕事をしているお父さんの影響もあってか、最近はファッションやスニーカーに興味あり。お母さんは、整理収納アドバイザーとして活動中です。

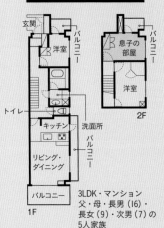

01 スニーカー

中1の頃から集めているスニーカー。この収納は靴屋さんに飾ってあったものを参考にした。

フックとワイヤーネットは自分でダイソーに行って購入し、組み立てて作ったもの。

特に気に入っているスニーカーは飾って、それ以外は隣の棚、消耗が早い物は玄関に。

YOKO

暮らしのジャマにならない場所、しかも自分の背丈に合った高さ！ フックを使ったスニーカーが映える飾り方、参考になります☆

02 本＆教科書

一番取りやすい「腰から目線の高さ」に教科書を、下段に文庫本とマンガを配置。

文庫本やマンガは売ったり兄妹にあげたりして、気に入った物だけ手元に残している。

ICHIKA

私は本が好きで、どんどん増やしちゃう。売ったりあげたりして、こんなふうに持っている数を維持できていてすごい！

03 工具類

昔から工作は好きで、今もたまに収納用品や家具を作るので工具類をまとめて保管している。

ドライバーや紙やすりなど。物は多くないので、ざっくりと収納。

YOKO

「工具類は工具箱に」というイメージがあるけど、それを覆す収納！ 使う場所が明確なら、こうして引き出しにまとめたっていいよね♪

04 ケア用品

高校に入ってから増えた制汗剤や日焼け止め、ワックスなどを引き出しにまとめて収納。

引き出しを開けた時、取りやすいようにケースに立てて収納。手前はよく使うものを配置。

YOKO

「物を立てて入れる」「よく使う物は手前に」という、収納のお手本みたいな引き出しの使い方！ これなら物が増えてもわかりやすいね！

05 洋服

制服や、よく着る衣類はオープンラックに。冬はアウターやパーカーなどかさばる物もここに。

まだ洗濯しない物や部屋で羽織る物をちょっと掛けたりして一時置きもできるから便利。

YOKO

「よく使う物」と「一時置き」は分けて収納しがちだけれど、自分の中で使い方が明確なら、ひとつの家具で管理できてラクだね！

高校1年生の整理収納
お手製のデスク＆クローゼット

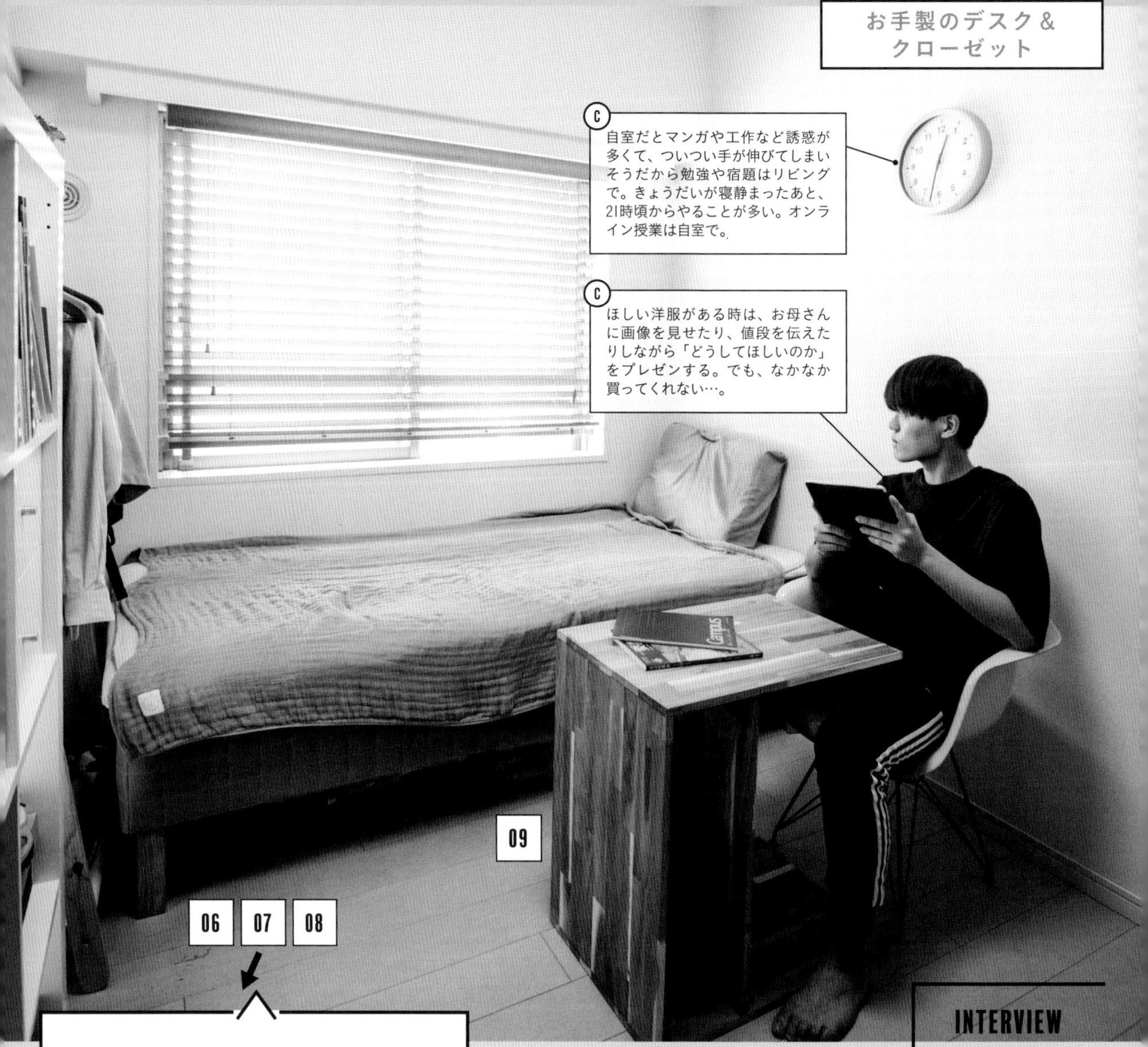
C
自室だとマンガや工作など誘惑が多くて、ついつい手が伸びてしまいそうだから勉強や宿題はリビングで。きょうだいが寝静まったあと、21時頃からやることが多い。オンライン授業は自室で。
C
ほしい洋服がある時は、お母さんに画像を見せたり、値段を伝えたりしながら「どうしてほしいのか」をプレゼンする。でも、なかなか買ってくれない…。
09
06
07
08

INTERVIEW

祈吏さんに教えてもらったよ！

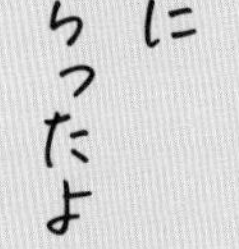

Q 昔から、物が少なかったの？

A 3年ほど前までは、お母さんに「汚部屋」と言われるくらい、工作の道具や作った物で散らかっていた。
でも、雑多な物を見直して、弟たちにあげたりして手放したりしたら部屋がスッキリした。

Q いつ、部屋を見直すの？

A きょうだいがふたりいて、時々部屋を入れ替えるからそのタイミングで。
小学生の頃は友だちがよく家に遊びに来たけど、弟がまだ幼かったから自分の部屋は玄関に近い場所だった。今は、2階の洋室に移動している。

FROM MOTHER

昔は忘れ物が多かったので、わかりやすくなるように教科書を科目ごとに分けるなど色々とアドバイスしました。ですが、中学生になって自分なりに工夫するようになってからは、「もっとこうしたらいいんじゃない？」と思っても言わないようにしています。自分で納得しながらお気に入りの空間にすることで、自然と自分で掃除機をかけるようになりました。

06 洋服

シーズンオフや、使用頻度の低い洋服はクローゼットに。持っている洋服の量は少ないほうかも。

そんなに物がないので、クローゼット上段は家族の物（ひな人形や兜）の収納場所になってる。

YOKO

洋服は増えがちなのに、ここまでスッキリしたクローゼットになるのは驚き！ 新しく物を取り入れる時の基準や考え方が明確な証拠！

07 思い出の物

クローゼットの下段は、中学校の時に入っていた野球部のグッズや捨てられないプラモデル、卒業アルバムなど思い出の物を色々。

残しておく物は収納ボックス2箱に収めたかったから工作などは写真を撮ってから手放した。

YOKO

年齢が上がるほど思い出の物は増えていくけれど、物の大きさや量に合わせて収納用品に分類し、上手に管理できていてすごい！

08 身の回りの物

クローゼット中段、トレー4つには靴下・下着、部屋着、バスケットボール部のアイテム、ランニング用品を収納。

収納用品をトレーにしたのは、ポイッと入れられてラク＆浅くてすぐ取れるから。

ICHIKA

トレーだとこんなに収納している物がよく見えるんだな〜。 トレーの中でも分類してあるからゴチャゴチャにならないで身支度もラクそう！

09 デスク

コロナで休校中、DIYしたデスク。イスの寸法に合わせ、ホームセンターで板を購入して作った。

教科書が置けるくらいの最低限の大きさにして、場所を取らないようにした。

ポイントは、置き方によって幅を変えられるところ。デスクの上で使う物や気分によって変えてる。

ICHIKA

寝る時の物置きにも使えるんだ！ デスクの上を広くしたい場合は天板の下に物もたくさん置けるし、シンプルなのにすごく使いやすそう♪

ダイニングの薬箱

もともと薬はすべてダイニングのクローゼットに入れていました。今は風邪薬やマスクを一人ずつ引き出しに分けて収納しています。顔シールを貼って持ち主がわかりやすいように。

冬になると娘の耳鼻科の薬が増えるので、よく使う薬はダイニングテーブルに置くように。毎食後の飲み忘れ防止&動線の短縮になってラクになりました。左2つのボックスが子ども用、右2つのボックスが大人用。100円ショップで購入した木製ボックスをペイントし、取っ手を付けてリメイクしています。

INTERVIEW
01 心暖さん家 ▶ p.102

子どもの収納を見せてもらった4家族に、
家族共有のスペースも見せてもらいました。
子どもでもわかりやすく、
片付けたくなる工夫がたくさんあります。

INTERVIEW
02 ゆうさん家 ▶ p.106

キッチンのレンジラック

料理のお手伝いをしてもらったり、買い物から帰ったら一緒に荷物を片付けたりしやすいよう、背の低い息子でも物が出し入れできる配置を工夫。息子にできないことをムリにさせるのではなく、できるところまでハードルを下げ、「できた」が「できる」の自信につながるように意識しています。

父と息子がお菓子の取り合いでもめることが多かったので、それぞれのぶんをケースに分けて収納（左が息子、右が父）。息子の身長でも見下ろせる場所にケースを配置しました。

リビングの文房具ケース

リビングのチェスト内は、無印良品やニトリ、イケア、100円グッズなど様々な収納用品を組み合わせて作り上げたスペース。飽きてしまった時に手放しやすいよう、あまり値段の高い物は買わないようにしています。ここにツメ切りや体温計、腕時計など、家族がよく使う雑貨と文房具をまとめて収納。

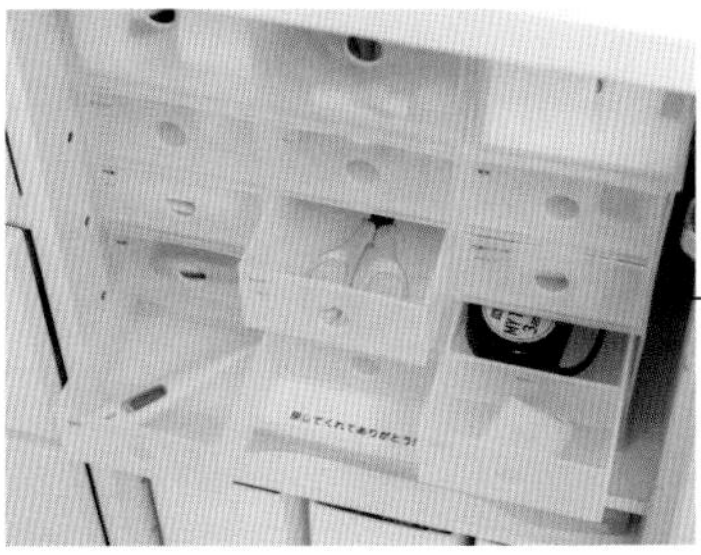

文房具はひとつのボックスにワンアイテムだけ入れるようにし、物の定位置を明確に。「戻してくれてありがとう！」と書いたラベルも目に付く場所に貼っています。

INTERVIEW
03 ひさきさん&あおいさん家 ▶ p.110

Q 家族共有のスペースを教えてください。

INTERVIEW
04 祈吏さん家 ▶ p.114

玄関のオープンシェルフ

無印良品のスタッキングシェルフを玄関に配置し、子どもの遊び道具をまとめています。このシェルフを選んだのは、通る時のジャマにならないよう奥行の浅い物にしたかったから。中で使っている無印良品の「ポリエステル綿麻混・ソフトボックス」は収納する物に合わせ、高さ違いの3種類を使い分けています。

シェルフの上は帽子やマフラーなど、１段目左側はレジャーシート、右側は縄跳びや小さいボールを収納。１番下は野球グローブと習い事のバッグを入れています。隣のカゴはイケアで購入。

《お友だちの整理収納、もっと見せてもらった！》

通学グッズから
ディスプレイコーナーまで
全国のお友だちにもお願いして、
自慢の整理収納を
紹介してもらいました。

親子のコミュニケーションに！

お友だちの収納を見ると、間取りや持ち物、自分の性格によって「収納の答え」はまったく違うものになる、ということがよくわかるね。お母さんたちにとって、整理収納がわが子を知るツールになっていることも感じます。

YOKO'S COMMENT

みんな違って、みんないい！

収納用品も使い方も、こだわりもみんな違っていて、「こんな収納の仕方もあるんだ！」「私もこんなふうにしようかな」って、参考になることがたくさん。物の置き方や飾り方も、持ち主によってこんなに違うんだな。

ICHIKA'S COMMENT

INTERVIEW 05

学用品の専用ラック

小学1年生の整理収納

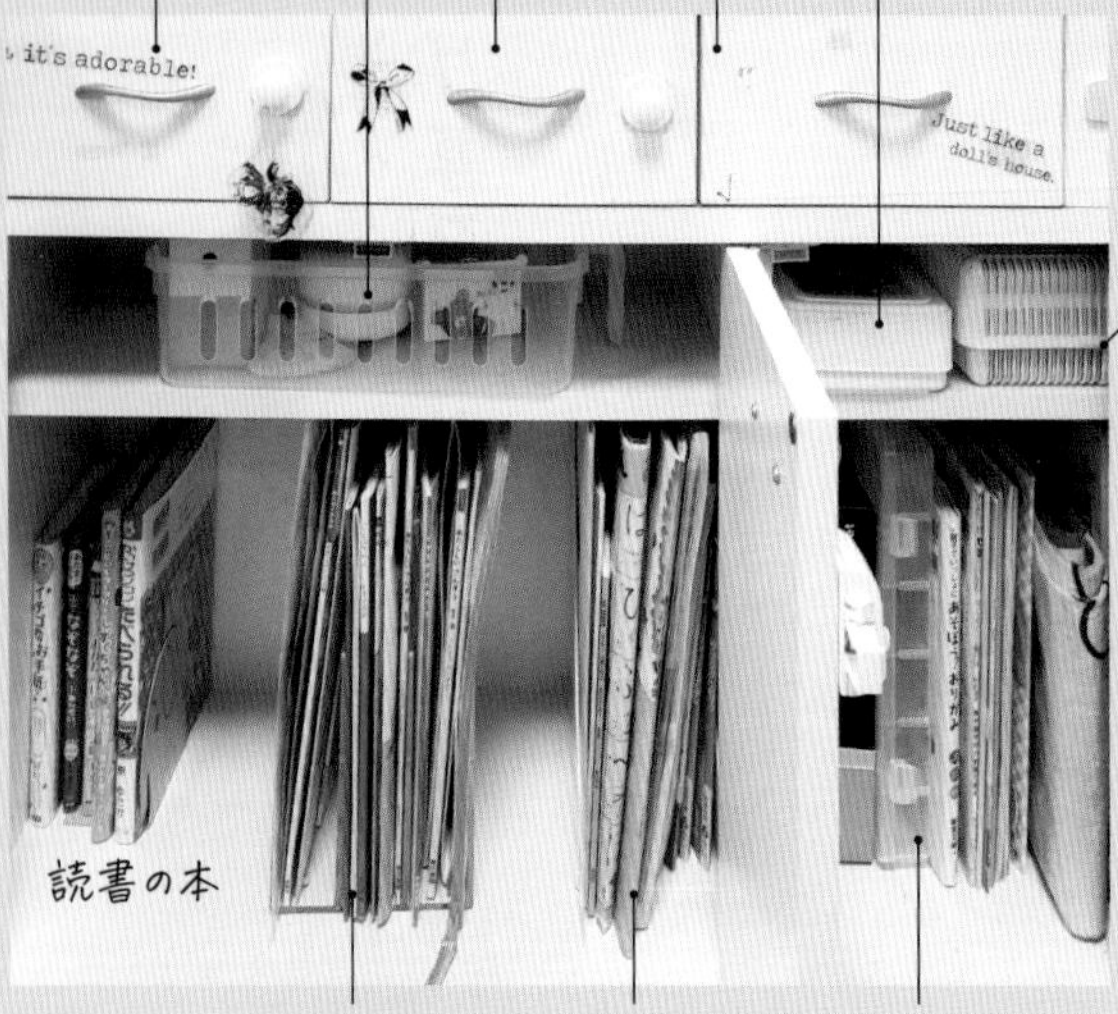

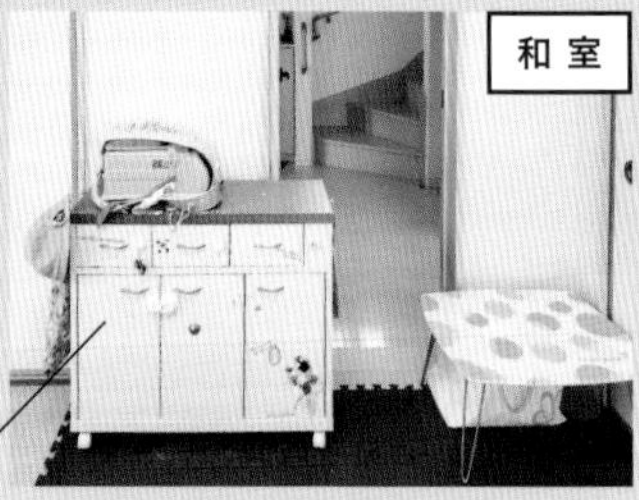

Ⓒ 勉強道具はぜんぶここ！

読書の本と教科書、ドリルが仕切りでちゃんと分かれているからわかりやすい。勉強する時は、ふで箱や鉛筆けずりが入ったケースを棚から出して、すぐ隣の机に置いてる。

Ⓜ わが家愛用のラックです

この棚は結婚祝いにいただき、食器棚→娘のランドセルラックと用途を変えて使い続けています。玄関から入ってすぐの和室に棚があるので、帰宅したらランドセルをここに置く習慣がつきました。机の下にはゴミ箱と、お絵描きした紙を入れる袋を配置。

Ⓒ 山口《やまぐち》優《ゆう》華《か》さん

Ⓜ 山口さとこさん

【家族構成】
父・母、長女（7）・次女（4）・長男（3）の5人家族

食器棚の使い回し術がすばらしい！ 勉強道具や工作グッズなど、すべてをしっかり分類して一括収納しているから、探す手間もなくやりたいことがすぐにできる収納だね！

INTERVIEW

06

小学1年生の整理収納

身支度アイテムのオープン収納

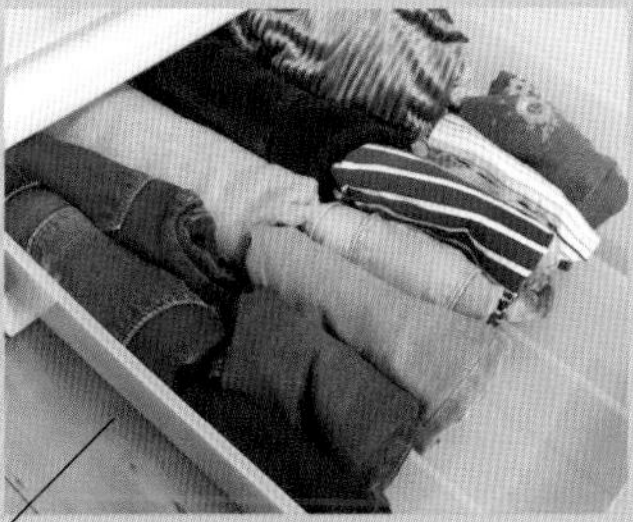

C 洋服をたたむのが好き

オープン棚に置く服と、引き出しに入れる服はたたみ方を変えてる。持っている洋服がよく見えるから、サイズが小さくなったり、肌がかゆいと感じたりした服をママに伝えやすい。

M 目指すは洋服屋さん！

洋服をたたむのが上手で、母よりも“美しい収納”にこだわるタイプ。オープン収納にして、洋服屋さんのように並べています。季節外の天気の日は、引き出しから洋服を選ぶといった自主性がみられるのも、娘自身が管理できているからだと感じます。

C 敦岡《つるおか》柚《ゆ》朱《ず》さん

M 敦岡優《ゆ》実《み》さん

【家族構成】
父・母・長女 (7)・次女 (5) の4人家族

きれいに並んでいて、本当にお店みたい！ たたんだ衣類は引き出しに収納することが多いけれど、これなら「引き出しを引く」という出し入れのアクションもなく、サッと取れるね♪

INTERVIEW

07

小学4年生の整理収納

持ち運べるマンガ専用ボックス

C みんなで楽しみたい

家族も読みたいと言っていたから、持ち運べるようにした。レゴを整理していたらケースが余って、「持ち穴も付いているし運びやすそう！」と思って入れてみたら、ピッタリ。

M 大活躍のケース！

姉弟ともレゴが好き。「レゴがバラバラになると遊びたくなくなる」と言って、イケアのケース (VARIERA) に整理しながら遊んでいます。娘はこのケースにマンガも並べて入れ、子ども部屋からリビングに持ち込んだりして好きな場所で読んでいますね。

C ゆうさん

M NORI さん

【家族構成】
父・母・長女 (10)・長男 (7) の4人家族

手軽に、安定して持ち運べる「持ち穴あり」の収納アイテムを選んでいるのがお見事！ ケースの底に両手を当てて持ち運ぶより、しっかり握って持つほうが安定するよね！

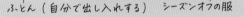

INTERVIEW 08

ぬいぐるみの展示スペース

小学5年生の整理収納

リビング

つっぱり棒はぬいぐるみの大きさに合わせて幅を調節し、落ちないように

ひもをつっぱり棒に通して収納率アップ＆ゆらゆら揺れる楽しさも味わえる

YOKO

「出してくれてありがとう！」という、ぬいぐるみの声が聞こえてくる！ 物に対する優しさをとても感じます！ わずかな奥行で、これだけの収納量を確保しているのはお見事☆

Ⓒ ぜんぶ見えるように

箱に入れると圧迫感があってかわいそうだけど、つっぱり棒に吊るしたり置いたりすることできれいに並んで取りやすくなった。自分がどれだけ持っているのか、数もわかりやすい。

Ⓜ 限られた空間ならでは！

わが家には子ども部屋がなく、リビングにそれぞれの物を置くスペースを作っています。 限られた場所だからこそ、「どのように置こうか？」 という想像力や試してやってみようとする力、一人ひとりが持つ世界観が培われたように思います。

Ⓒ 石山緋奈子《いしやまひなこ》さん

Ⓜ 石山可奈子《かなこ》さん

【家族構成】

父・母・長男（13）・長女（11）の4人家族

INTERVIEW 09

3つのディスプレイ棚

小学5年生の整理収納

無印良品の「スタッキングシェルフ」5段を使用

子ども部屋

もらった物や写真など、思い出の物

高さ約160cm

間仕切りは、転倒防止ジェルで固定

約120cm

仕切棚＆ボックス

約80cm

YOKO

「本日の香り」を書いたボードや時々変わるインテリアが、家族のコミュニケーションにもなっているんだね！ 手の届くところと届かないところを考慮した、使いやすい配置がすばらしい！

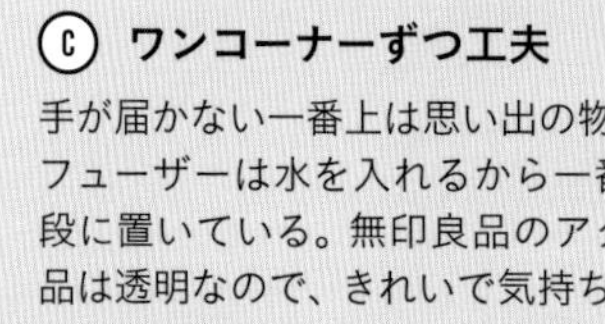

アニメグッズや作品など、その時々で飾る物を変える

Ⓒ ワンコーナーずつ工夫

手が届かない一番上は思い出の物を、アロマディフューザーは水を入れるから一番使いやすい下段に置いている。無印良品のアクリルの収納用品は透明なので、きれいで気持ちいい。

Ⓜ ディスプレイは娘が担当

無印良品の「アクリル仕切棚」と「重なるアクリルボックス」を合わせて引き出しのようにしたり、「重なるアクリルボックス」用の間仕切りをアニメグッズなどのディスプレイに使ったり。私には考えつかないアイデアばかりで感心します。

Ⓒ 岡本《おかもと》めいさん

Ⓜ 岡本絵美《えみ》さん

【家族構成】

父・母・長男（20）・長女（15）・次女（11）の5人家族

※長男は県外で1人暮らし

INTERVIEW

10

段ボール作品の保管

小学5年生の整理収納

(C) ここに置けるぶんだけ

段ボールや空箱で作る工作遊びが好き。残しておく作品は、お母さんと「この棚に入るぶんだけにしよう」と決めて、大きい作品は飾る収納、小さい作品はバッグにまとめている。

(M) 子どもの力を伸ばす収納に

「がんばって作った作品だけど全部は取っておけないよ」ということを伝えました。収納のルールを決めることで、古い物を新しい物に作り替えるというリメイクも考えている様子。子どもの好きなことも収納場所も、整理する力もどれも大切にしたいです。

(C) Rさん

(M) 坂《さか》根《ね》陽《よう》子《こ》さん

【家族構成】
父・母・長女（14）・次女（11）・三女（9）の5人家族

大きい作品

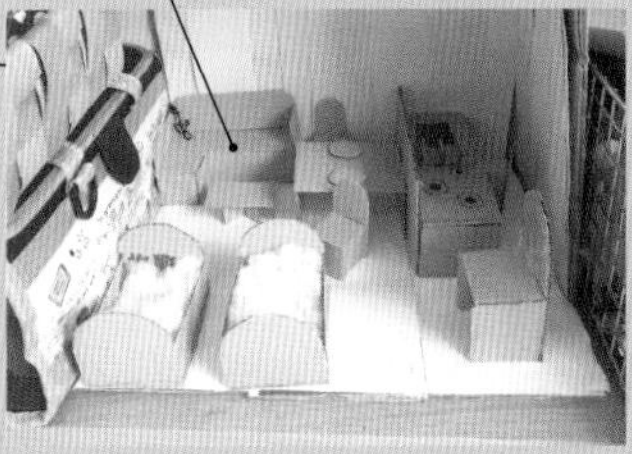

どんどん増えていくのに、作品の大きさで収納方法を変えて、しっかりと適量を維持できているね！ 通学グッズも出し入れのアクション数が少なくて、身支度がスムーズにできそう♪

INTERVIEW

11

人生ゲームの専用ケース

小学5年生の整理収納

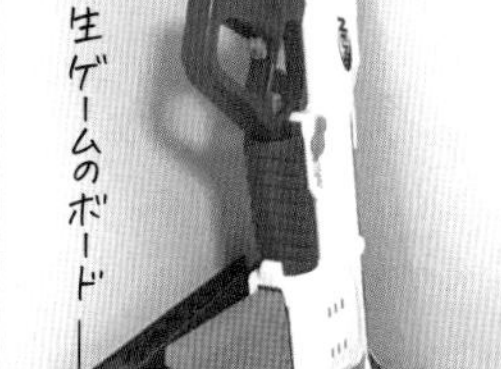

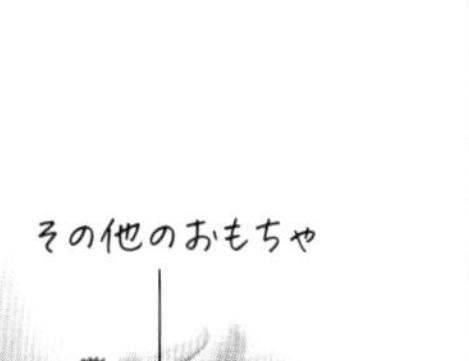

もともとお家にあった物を使った収納なのに、小物を並べた幅がピッタリで専用ケースみたい！ ケースを3段にして重ねることで、収納スペースの節約にもなっているね！

(C) 4つのケースで分類

人生ゲームで遊ぶ時に小物がバラバラだと使いにくかったから、家にあったケースに試しに入れてみたらピッタリ。ケースが重ねられると気が付いて、組み合わせも工夫してみた。

(M) 遊びやすさを追求！

自分の部屋で、きょうだいとよくゲームで遊んでいます。小物の特徴をとらえ、遊びやすく片付けやすい収納を作っていたので感心。「お金を金額の順番に並べたら、もっと使いやすくなる」と言って、遊びながら収納をブラッシュアップしていました。

(C) つづきはやとさん

(M) つづきともよさん

【家族構成】
父・母・長男（15）・次男（11）・長女（8）の5人家族

INTERVIEW 12

高校1年生の整理収納

ミニカーのコレクション

5・3畳なのでベッドは置かず、スペースを確保

コレクションを入れるケース３つ

自分の性格に合ったアイテムと、収納選びが上手！　新しい収納用品を購入するのではなく、その時々で入れる物を変えながらうまく活用していてすばらしい！

Ⓒ ざっくり収納がいい

ミニカーを集めるのが趣味で、コレクションはケースに入れてクローゼットに保管してる。ケースはフタが半透明で中が見えるもの。細かく分類するのが苦手だからざっくり入れられてラク。

Ⓜ 性格に合った収納用品

ケースは幼稚園の頃からレゴやスーパーボールなどおもちゃ収納に使っていました。大容量なので大雑把な息子の性格に合い、スタッキングもできるから重宝しています。コレクションはケース3つに入るぶんだけと決め、整理は本人に任せています。

Ⓒ 鈴木太一《すずきたいち》さん
Ⓜ 鈴木智子《ともこ》さん

【家族構成】
父・母・長男（16）の3人家族

INTERVIEW 13

高校1年生の整理収納

こだわりの推しコーナー

ファスナー付きケースをうまく活用してグッズを分類しているね！　引っ掛けることでスペースも取らないうえ、そのまま持ち運べるラクな収納♪

Ⓒ 全部が見える配置に

統一感を出すために収納アイテムは白に統一。色々な形のグッズがあって、重ならないように工夫してる。自分のテンションが上がるようにディプレイしているので大満足。

Ⓜ 娘の癒やしスペース

大好きな韓国グループのグッズは、ダンスと勉強で忙しい日々の中で娘の癒やしになっているようです。こだわりの置き場にはワイヤーネットをうまく活用しながら、すべてのアイテムが前から見えるように配置し、自分なりに収納しながら楽しんでいます。

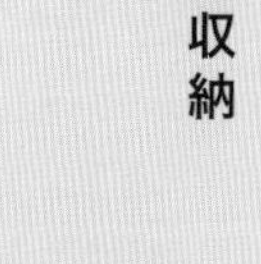

Ⓒ 永窪涼音《ながくぼりん》さん
Ⓜ 永窪亜希子《あきこ》さん

【家族構成】
父・母・長女（16）・長男（5）の4人家族

INTERVIEW

14

高校2年生の整理収納

2通り使えるマガジンラック

子ども部屋

阪神タイガースの応援グッズ

ベッドガードにキーホルダーを「飾る収納」

雑誌のスタンドラック

Ⓒ 最新号は「見せる収納」

雑誌のバックナンバーはどんどんたまるから、棚の中に並べて外から見えないように。でも、最新号はすぐ手に取りたいから表に立て掛けている。重たい雑誌は下の段に陳列。

Ⓜ 「好き」が集まった空間

娘の趣味は阪神タイガースの応援と、ホームセンターで便利グッズを見て回ること。それがよく現れた、娘らしい部屋になっています。本棚も娘が自分で探してきたもの。どうしたら部屋がスッキリするのか、いつも考えて工夫を重ねている様子。

Ⓒ 市毛《いちげ》菜央《なお》さん

Ⓜ 市毛憲子《のりこ》さん

【家族構成】

父・母・長女（22）・次女（17）の4人家族

同じ雑誌でも、「保管」と「読書」という目的に合わせて収納方法を変えているんだね！そして、その2つの収納をまとめて叶える＆空間を圧迫しない家具選びがバッチリ♪

INTERVIEW

15

高校2年生の整理収納

壁面を生かしたデスクスペース

子ども部屋

教科書や参考書をデスク横に配置

思い出の写真

ホワイトボード

勉強アイテム

友だちからもらったメッセージ

壁に立て掛けられる状態

Ⓒ 癒やしアイテムも大事

ホワイトボードにやることリストを書いて忘れないようにし、友だちとの写真やもらったメッセージを飾って元気の源に。落下防止のため110円のレシピスタンドを使っています。

Ⓜ 壁を最大限、活用！

LABRICOのDIYパーツを使い、棚板の位置などを相談しながら一緒に作りました。壁の上部にマンション特有の梁があるので、棚板が壁にくっつくようL字金具で固定し、最大限ものが置けるように工夫。圧迫感もなく、勉強に集中できています。

「わずかな奥行でも、工夫すれば多くの物を収納できる」ということを証明しているスペース！勉強アイテムと思い出の物の配置、落下防止もしっかり考えられていてお見事！

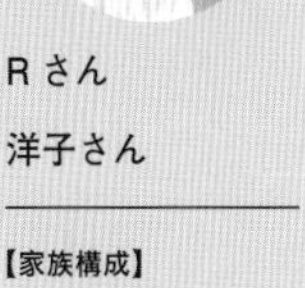

Ⓒ Rさん

Ⓜ 洋子さん

【家族構成】

父・母・長女（17）の3人家族

Bloom
Your
Smile

著者

梶ヶ谷陽子（かじがや ようこ）

Bloom Your Smile 代表。
2013年10月より整理収納アドバイザーとしての活動を本格的に開始。日本テレビ『ヒルナンデス！』に「収納名人」として登場以降、テレビ出演多数。
Amebaブログ『整理収納レシピ。』が話題を呼び、2015年6月よりトップブロガーとして活動。2019年10月、Amebaブログ『整理収納レシピ。』が「現代社会における生の情報を記録する資料として、それらを保存し、後世に伝える意義は大きい」として、国立国会図書館のインターネット資料収集保存事業（WARP）に保存される。2020年トヨタホーム東京との「カジトヨ収納プロジェクト」にて間取りや収納を1軒丸ごとプロデュース。
講座・講演・トークショー・テレビ出演・書籍執筆・商品開発・商品プロデュース・企業研修講師など、活動は多岐にわたる。

梶ヶ谷一花（かじがや いちか）

12歳､小学6年生（2021年2月現在）。この春から中学生になる。小学5年生の時、整理収納アドバイザーの資格を取得。将来の夢は整理収納とは関係ないものだけど、お母さんが困っていたら手伝ってあげたいと考えている。

好きなことは絵を描くことと、読書。好きなマンガ・本・アニメは、『チェンソーマン』『宝石の国』『文豪ストレイドッグス』『ナカノヒトゲノム【実況中】』『僕のヒーローアカデミア』。運動は苦手で、インドア派。外出するより家にいるほうが好き。

親子の整理収納

初版発行　2021年2月28日

著者　梶ヶ谷陽子、梶ヶ谷一花

編集発行人　坂尾昌昭
発行所　株式会社G.B.
〒102-0072　東京都千代田区飯田橋4-1-5
電話　03-3221-8013（営業・編集）
FAX　03-3221-8814（ご注文）
URL　https://www.gbnet.co.jp
印刷所　音羽印刷株式会社

乱丁・落丁本はお取り替えいたします。
ISBN 978-4-910428-01-7

STAFF

デザイン　別府 拓（Q.design）
市川しなの（Q.design）
DTP　佐藤世志子
撮影　宗野 歩
土肥裕司（p106-109,p118右下）
イラスト　升ノ内朝子
校正　東京出版サービスセンター
用紙　紙子健太郎（竹尾）
営業　峯尾良久（G.B.）
企画・構成・編集　山田容子（G.B.）